말씀, 말 숨이 되다

말씀이
육신이 되어

심장이 재봉틀처럼
털털 거리면

윗 실과 아래 실이 만나
부둥켜 안는다

시작하는 선
달려와 만나는 선

요란스럽게
맞물려 엉킬 때

만나는 정점에서
하나가 되어

영혼의
가죽옷을 만들며

삶의
마중물로

말씀이
말 숨이 된다

● 일러두기
본문에 사용한 성서는 《개역 한글》입니다.

성서에서 퍼 올린 삶의 마중물
말씀, 말 숨이 되다

첫판 1쇄 2024년 5월 6일

지은이 김봉은
펴낸이 김은옥
디자인 한영애
펴낸곳 올리브북스

주소 인천시 부평구 부평대로 153
전화 032-233-2427
이메일 olivebooks@naver.com
블로그 blog.naver.com/olivebooks
인스타그램 instagram.com/olivebooks_publisher

출판등록 제2019-000023호(2007년 5월 21일)

© 김봉은, 2024

ISBN 978-89-94035-63-5 (03230)

세상은 행동하는 사람에 의해 움직입니다. 소중한 경험, 따뜻한 시선을 가진 원고,
참신한 기획의 소재가 있으신 분은 올리브북스와 의논해 주십시오. 그 원고가
세상의 소금과 빛이 될 수 있도록, 최고의 책으로 빛날 수 있도록 정성을 다하겠
습니다.

총판 기독교출판유통 031-906-9191(전화), 0505-365-9191(팩스)

말씀, 말 숨이 되다

성서에서 퍼 올린 삶의 마중물

김봉은 지음

올리브북스
Ofive Books

성탄·송년

기념 예배

| 출간에 다정한 도움을 주신 분들 |

강덕수 강대환 강명옥 강성일 강학중 강현영 구민수 권혁률 권혁태 김경완
김근환 김길한 김대열 김두희 김득수 김디도 김무경 김민성 김병림 김병주
김병호 김선옥 김성진 김용만 김윤희 김은옥 김재광 김재희 김점용 김주성
김주형 김주희 김진세 김혜영 김희순 김희영 김희철 남궁석 남규민 두천균
민숙희 박경애 박길용 박민웅 박병희 박복숙 박상남 박상철 박성수 박승렬
박옥선 박종원 박철홍 박태훈 배달래 배문권 배지용 서덕석 서대교 서보민
서보현 서봉수 서태영 성경원 성영자 손승희 송현주 신영배 신예심 신재성
신종환 안선희 안준모 양용식 양태영 오성숙 원명숙 윤영연 윤창섭 이동광
이동옥 이동진 이병현 이상선 이성진 이수영 이수진 이숙자 이연임 이영직
이영석 이은성 이은숙 이천우 이철수 이철호 이희선 이현주 임영호 장원석
장은진 장재근 전영규 정규성 정성화 정인환 정태길 정창우 정흥모1 정흥모2
조용현 조이서 조정현 지기태 최기현 최성현 최의헌 최지영 최천수 최헌영
최종국 표광배 한태수 한정수 무명1
금마교회 덕풍교회 빛된교회 서울교회 새결교회 제자교회

청년 목회자로 안양 평촌동에서 교회를 개척하고, 창립 예배를 드
릴 때의 만남이 지금까지 오랜 연으로 서로를 그리워하며 살아오고
있다.

김봉은 목사는 다양한 성향과 박물관에서나 보암직한 극보수의
영성이 그 밑자락에 있는데, 보수와 진보를 조화롭게 아우르는 목회
자다.

사학과 기독교 문화학 그리고 신학을 전공한 저자의 설교 여기저
기에서 역사와 문화의 정서가 묻어나는데 균형 잡힌 하나님 나라를
일구어 내는데 부끄러움이 없다.

그는 한국문단에서 신인문학상을 수상하고 시집도 출간한 시인
이다. 그의 시구에 음률을 달아 노래로 쏟아져 나오고 있다. 시구가
노래가 되어 영구성을 지닌 생명이 되니 이보다 더 좋을 수는 없겠
다. 거기에다 수염도 어울리고, 항상 착용하는 로만칼라도 비주얼이
받쳐주니 영락없는 아티스트 목사다.

한데, 그만해도 될 텐데 설교집까지 낸다고 성화다. 그는 생각한
것을 반드시 해야만 한다. 설교가 글이 되고 제본이 되어 책으로 나
오면, 자신의 영성과 정체성이 그대로 인증 사진이 되어 해부되는데
그걸 자처하는 게다. 겉으로 보이는 허상만이 아니라 그 안에 있는
자신의 본체를 드러내는 것이다.

캄보디아 사람은 망고 없이는 못 살 것처럼 즐겨 먹는다. 가장 즐겨 먹는 망고는 풋 망고다. 시큼 새콤한 망고를 양념 소금에 찍어 먹기도 하고, 채 썰어 피쉬 소스에 버무려 샐러드로 먹기도 한다. 임산부들이 입덧할 때 찾는 것이기도 하니 그 맛에 빠지면 알레르기가 있어도 참지 못하고 먹게 된다. 내 손주들도 캄보디아에서 태어나고 어린 시절을 보내서 그런지 한국에 가서도 꼭 이 풋 망고와 소스를 보내 달라고 한다. 김봉은 목사의 글과 설교에서 이런 풋 맛이 난다. 풋풋한 사람의 맛이 묻어 나와 참 좋다.

설교집을 낸다고 하여 그 안에 있는 소리에 귀를 기울이며 듣는다. 죽을 것 같은 상황에서도 주일에는 병원을 찾지 않는 극 영성이 바탕의 배경이지만, 다른 사람들에게는 강요하지 않고 자신은 그리 산다. 김 목사는 다양한 삶이 코팅되었을 뿐이지 복음과 말씀에 젖은 삶이, 그냥 목사다.

이 책은 그렇게 하나님 앞에 서는 심정으로 나오는 설교집이다. 설교집이 아니라 자신의 정체성이다. 출판하기까지 쉽지 않았을 텐데, 용기 있는 그의 삶에 찬사와 격려를 보낸다.

캄보디아 바티에이국제대학교

총장 김득수

(하고 싶은 말은 많지만 글 욕심 줄였어. 글 너무 좋아. 급히 몇 편을 뽑아 읽었는데 너무 마음에 든다. 곧바로 추천의 글 이곳에 옮겨 보네. 혹시 용어가 개신교 것이 아니면 고쳐 쓰시게나. 특히 마지막 성서 인용구가 개신교 번역으로 어떻게 되는지 모르겠어.)

예수님의 말씀과 행동의 힘은 연민에서 비롯되었습니다. 예수님께서 보여 주신 연민이란 그저 불쌍하고 안쓰러워 동정하는 그런 마음의 움직임을 뜻하지 않습니다. 예수님의 연민은 어려운 처지의 사람들을 그냥 지나치려 하면 오장육부가 뒤틀리고 꼬이는 듯한 아픔이었고 그들을 돕지 않고서는 못 배기는 그런 연민입니다.

내가 아는 김봉은 목사의 마음은 이러한 연민으로 가득 차 있는 듯합니다. 복음정신, 시대정신이 무엇인지를 너무 잘 알기에, 이에 역행하는 그 어떤 흐름이나 태도에 누구보다 안타까워하며 아픔을 느끼는, 그래서 분노하고 투신할 수 있는 그런 사람입니다. 아울러 그 불의함으로 고통받는 이들을 위로하고 안아주는 그래서 다시 일어설 수 있도록 용기를 줄 수 있는 그런 사람입니다.

우리는 예수님을 선하신 목자라고 합니다. 김 목사의 삶 안에서 선하신 목자를 닮은 모습이 보입니다. 그래서 그를 좋아하게 되나 봅니다.

그의 글을 읽으면 자연스럽게 공감하고 감동하게 됩니다. 하느님께서 통찰과 식별의 지혜도 허락하셨음을 느낍니다. 그 지혜를 이 설교집을 통해 접하게 되기를 청합니다. 아무리 좋은 글이라도 읽는 이가 없다면 그 힘을 잃게 됩니다. 보다 많은 분이 읽고 공감하고 행동할 수 있었으면 좋겠습니다.

본문에 대한 저의 구체적인 감상은 혹여 여러분 나름의 공감에 방해가 될 수 있으니 다음 성서 구절로 대신하려 합니다.

"와서, 보라!"(요한복음 1:39)

가톨릭 일본 사이타마 교구

은퇴 사제 김대열 신부

노인 전문병원에 입원해 계신 어머니 박은복 권사님에게 목사인 아들이 해드릴 수 있는 최고의 선물이 아들의 설교를 책으로 엮어 드리는 것이라고 생각했다. 그래서 지난 일 년간의 설교를 문서로 모아보니 분량이 꽤 되었다. 외부 설교는 빼고 주일 예배 설교를 중심으로 수정했다.

다음으로 책을 만들기 위해 출판사와 접촉을 시작했다. 몇몇 곳에서 나의 글이 일반적인 설교와 다르다며 관심을 표했지만, 교회가 작고 유명하지 않은 이의 설교집을 낸다는 건 판매를 해야 하는 출판사의 입장에서 어려운 일이었다. 출판사에서 설교집은 판매가 어려우니 묵상집으로 만들어야 한다고 솔직하게 건의하기도 했다. 이 말에 잠시 흔들렸지만, 나는 목사라서 그런지 설교집을 출판하고 싶은 마음이 점점 또렷해졌다. 그래서 꼭 책이 나오리라 기도하고, 나의 멘토이신 김득수 목사님과 김대열 신부님께 추천의 글을 부탁했다.

출판이 가능한 방법은 다양했다. 그중에 선택한 것은 펀딩으로 출판에 필요한 재정을 먼저 만드는 것이었다. 출판에 필요한 금액을 정하고 지인들에게 펀딩을 알리기 시작했고, 나의 책은 서서히 준비되기 시작했다.

나의 설교는 에세이에 가깝다. 멀리 동떨어진 이야기가 아니라 우리의 삶에 가까운 이야기를 성서에서 찾아 묵상하는 방법을 선택한다.

현재 우리의 삶은 어디로 흘러가고 있는가?

복음교회 초대 감독인 최태용 목사는 〈천래지성〉(1925년 9월호) '천국복음'이란 글에서 "현대인의 기독교가 천국을 가르치지 못하고, 이 세상 일이 세상 운동으로써 세상에 제공하여 사람 앞에 칭찬을 구하고, 그 천국에 대한 태도는 대단히 모호하여졌다"고 했다.

우리의 과거가 한때는 미래였고, 우리의 미래도 언젠가는 과거의 시간으로 흘러간다. 오늘 우리가 바라보는 미래는 행복보다 심상치 않을 염려로 가득 차 있다.

미래에 대한 불안감은 우리의 삶과 사회 그리고 교회 공동체에 지대한 영향을 가져올 것이다. 한국 교회는 이미 새로운 세대를 수혈하지 못해 사회의 급격한 변화와 신세대들의 사고 전환으로 젊은이들에게는 케케묵은 구시대의 유물로 전락하였다. 즉 다음 세대를 잃어버렸다. 새로운 예배 분위기와 프로그램, 대형마트 같은 넓은 주차장이 과연 떠난 젊은이들을 돌아오게 할 수 있을까?

진정한 교회의 모습은 모여 있을 때가 아니라 흩어졌을 때 세상을 향한 존재로 사랑과 나눔으로 섬기는 모습이어야 한다. 흩어지고 다시 교회로 모임을 반복하면서 섬김과 수양으로 진정한 이 땅의 주인으로 삶의 현장에 서 있어야 그들이 돌아올 것이다.

신앙의 경주와 삶의 경주를 둘로 나누지 말자. 이는 우리가 그리스도께 유업으로 받은 본향을 소유하는 믿음을 잃어버리지 않는 지혜다. 보수와 진보는 중요하지 않다. 어떻게 해야 우리의 삶이 향기가 날 수 있을지 고민하고 기도해야 한다. '삶이란' 나의 시를 다시 꺼내어 본다.

삶은 수많은 처음을 만나는 과정이다
처음 만나 반복하고 또 반복하여 깨달아 비워 내어야 한다
높이 나는 새가 뼛속까지 가볍게 하는 것처럼
좋아하기에 아깝기에 움켜잡고 머물면 날지 못한다
산다는 건 만남을 반복하여 비움을 만들어 가는 시간이다
비우고 나면 맑은 바람을 만나고 예쁜 마음 하나가 피어오른다.
(김봉은 작사, 최의헌 작곡 https://youtu.be/iAl2PLo4H3Y)

잘 준비한 교회는 다음 세대와 자신 있게 미래를 맞이할 수 있고, 준비하지 못한 교회는 불확실하고 쓴 시간이 다가올 것이다.

이 한 권의 설교집이 비틀어진 신앙을 톺아보고 그리스도인의 가치관을 조금이나마 바로잡을 수 있길 바란다.

끝으로 "형님, 설교집 안 내시나요?" 하며 자기 일처럼 이리저리 뛰어다니며 수고해 준 최헌영 목사와 발행을 허락한 올리브북스 김은옥 대표, 제목 글을 디자인해 준 작은 딸 윤희와 큰 딸 재희에게 깊은 고마움을 표하고, 책의 제목 '말씀, 말 숨이 되다'를 추천하여 사용할 수 있게 해준 '사자와 어린양' 대표 이현주 님께 깊은 감사를 드리고, 말씀이 숨이 되게 표지를 디자인해 주신 한영애 님께 감사 드리며, 변함없이 교회를 지켜가는 빛된교회 교우들과 목회 30년을 함께하는 동안 인내하며 살아온 것도 부족해 남편의 설교집을 많은 사람이 편하게 읽을 수 있도록 문구 수정을 도와준 아내 손승희에게 깊이 감사하고, 평생 동안 기도해 주시다가 지난 연말 주님 곁으로 가신 아버지 김송겸 장로님과 두 분의 어머니 박은복 권사님, 이연임 권사님께 이 책을 선물합니다.

2024년 3월 31일
벌말에서
김봉은 목사

주현절

주님의 길을 곧게 내자

나는 선지자 이사야의 말과 같이 주의 길을 곧게 하라고 광야
에서 외치는 자의 소리로라 하니라

요한복음 1:23

새해 첫 주간 아침, 몸은 추워도 마음을 말리기에는 참 좋은 날씨입니다. 사람의 마음을 볼 수 있다면 어떤 마음을 먼저 보고 싶은가요? 예수님은 어떤 마음을 먼저 보았을까요? 주님은 고통의 마음을 먼저 보신 것 같습니다. 그래서 힘들고 약한 이들에게 다가가서 도움을 먼저 주고 온유하게 대하신 것이라 생각합니다.

그리스도교의 기본인 '이웃 사랑의 실천'이 바로 여기에서 나왔습니다. 세례자 요한은 "나는 선지자 이사야의 말과 같이 주의 길을 곧게 하라고 광야에서 외치는 자의 소리로라" 했는데 주의 길을 곧게 내려면 상대가 필요로 하는 마음을 볼 수 있어야 합니다.

사람의 제일 되는 목적이 무엇입니까? 교리문답은 이같이 답합니다. "사람의 제일 되는 목적은 하느님을 영화롭게 하는 것이다."

우리의 기도가 변해야 제일 되는 목적이 변하고, 응답되는 삶을 살아갈 수 있습니다. 하느님께로 안전하게 인도하는 내비게이션은 없을까 고민하나요? 신앙을 가진 사람들의 양심은 이웃의 아픈 마

음을 먼저 보는 내비게이션입니다. 양심이 오작동하지 않게 업그레이드를 꼭 해야 합니다. 그렇지 않으면 종종 오작동을 일으켜 우리를 방황하게 만듭니다.

오작동이 생기면 자신의 이익과 명예에는 어떤 것도 아깝지 않게 최선을 다하지만, 주님의 길을 내는 것에는 미온적으로 침묵하며 사명마저도 무시해 버리게 됩니다.

혹시 지금도 가장 약한 모습으로 오셔서 우리에게 모든 것을 삶으로 보여 주신 예수님께 아직도 여전히 영웅적인 무언가를 기대하며 결국엔 또 주님의 비참한 결말을 맞이하게 하려는 것은 아닌가요?

영웅을 기대한다는 건 어쩌면 나를 대신하여 십자가를 짊어질 사람이 필요하다는 핑계입니다.

사람들이 세례자 요한에게 물었습니다.

"네가 엘리야냐? 네가 선지자냐? 누구냐? 우리를 보낸 이들에게 대답하게 하라."

이에 요한이 답합니다.

"나는 선지자 이사야의 말과 같이 주의 길을 곧게 하라고 광야에서 외치는 자의 소리로라."

요한처럼 나 대신 십자가를 짊어져 줄 사람이 아니라 먼저 십자가를 짊어지는 동역자가 되어야 합니다. 나에게 "당신은 누구요?"라고 물으면 어찌 대답할 것입니까? 주님을 이용하여 내 목적을 이루는데 열을 올리는 사람은 광야에서 외치는 자의 소리와 반대로 외치는 사람입니다. 주님의 길을 예비하기 위해 외치는 자가 되어야 합니다. 먼저 나를 비우고 그 안에 주님의 말씀을 채워 그분의 말씀이 내 삶과 행동을 통해 이웃들에게 울려 퍼져야 합니다.

기도의 진정한 목적은 주님처럼 "내 원대로 하지 마옵시고 아버지의 원대로 되기를 원하나이다"가 되어야 합니다. 과연 우리 삶의 목표가 옳은지를 보는 법을 배워야 합니다. 열정이 빠진 냉랭한 기도나 단순히 '구하면 주신다'는 원리를 내세워 형통하기만 바라는 요행의 기도는 주님의 기도를 모방할 수도 없습니다.

어느 날 갑자기 착한 사람이 되거나 악한 사람이 될 수는 없습니다. 항상 마음을 비우고 내 고집과 욕심을 먼저 비우는 연습을 해야 합니다. 내 안에 내 뜻을 가득히 채운 채 진리를 찾을 수는 없습니다. 비워 낸 마음의 자리에 주님께서 들어오셔서 직접 내 삶을 주관하실 때, 내가 주님의 길을 곧게 낼 수 있습니다.

달리는 말에 매달려 있는 사람이 되지 맙시다. 이런 사람은 떨어질까 무서워 말의 목을 꽉 붙잡고 있을 뿐 다른 곳을 볼 수가 없습니다. 인생은 연극과 달라서 얼마나 오래 지속되는지가 중요하며, 그 삶이 보는 이들에게 진실해야 합니다. 바라는 것들의 실상에 따라, 내가 어느 정도에 있는지에 따라 하느님의 선한 도구로 사용될 것입니다.

신앙생활이 외롭습니까? 외롭다면 하느님은 사랑이라고 하셨는데 무엇이 잘못된 것일까요? 요한 사도는 "대저 하느님께로 난 자마다 세상을 이기느니라 세상을 이기는 이김은 이것이니 우리의 믿음이니라"고 했습니다.

물은 공평하게 있지 않고 낮은 곳으로 흘러갑니다. 이 물이 만약 불평등이 싫어 평평한 곳에 자리 잡고 흐르지 않는다면 물은 썩고 말 것입니다. 주님의 사랑을 실천하면 이 물처럼 위에서 아래로 흐르게 되어 있어 불평등함에 외로울 수 있습니다. 세례자 요한도 이 불평등함 때문에 광야 생활이 힘들고 외롭다고 느꼈을 것입니다. 그러나 그는 주님의 길을 곧게 내기 위해 썩지 않고 위에서 아래로 흐르며 광야에서 소리를 외치는 자가 되었습니다.

주님의 길을 곧게 내는 새해를 만듭시다. 새해에는 마음을 같이하여 신앙생활이 외롭지 않고 사랑이 넘쳐 나길 바랍니다. 함께 예배하며 무엇을 하든지 예수 그리스도께서 우리에게 주신 일치와 나눔과 증언을 통해 하느님의 영광이 되길 강복합니다.

세초부터 세말까지

네 하느님 여호와께서 권고하시는 땅이라 세초부터 세말까지
네 하느님 여호와의 눈이 항상 그 위에 있느니라 **신명기 11:8-12**

새해가 따로 있나요? 13월이 있으면 좋을까요? 뜨는 해와 달, 지는 해와 달이 따로 있나요? 하나의 해와 달이지만 사람들은 의미를 부여하며 살아갑니다. 초승달 같은 마음에 달이 차오르기를 기다려 둥근 보름달이 차오르면 사람들은 기원하는 마음을 피워 냅니다.

졸업 시즌입니다. 끝은 또 다른 시작의 과정이기도 합니다. 또 다른 만남의 과정에서 행복을 좇아가길 원하는 날들로 봄을 꿈꾸는 계절입니다. 겨울이 싫어서 내게서 먼저 겨울을 빼고 봄을 맞이할 수 있나요? 그럴 순 없습니다.

어울림이 중요합니다. 아무런 이해관계가 없는 삶일지라도 '누구와 어울리느냐'는 아주 중요합니다. 어울림 안에서 긍정적 소통과 공감을 수평적 관계로 도모하면 소소한 행복이 피어날 것입니다.

신앙생활도 어울림입니다. 우리 교회는 해마다 이웃 도시에 있는 어·울림교회와 어울려 포도주를 담습니다. 칠 년을 함께 포도주를 담으며 좋은 소통을 나누고 있으니 즐겁습니다. 두 교회가 모여 포

도나무 아래서 예배를 드리고, 포도를 따서 여러 과정을 함께하며 즐거워합니다. 오늘은 두 교회가 다시 만나 백일 전에 담은 포도주를 작은 병에 옮겨 담으며 안부를 나눌 것입니다. 다음에 또 함께 만나기를 오롯이 기다리는 어울림이 얼굴에 행복으로 묻어납니다. 돌아보면 숨 막힐 듯 힘든 일정이 많았지만, 섬기는 교회와 가족이 큰 어려움을 이겨낼 수 있었음에 감사합니다.

어찌 보면 인생은 공평하지 않습니다. 그래서 하느님은 "내가 오늘날 너희에게 명하는 모든 명령을 지키라 그리하면 너희가 강성할 것이요 너희가 건너가서 얻을 땅에 들어가서 그것을 얻을 것이며… 너희의 날이 장구하리라"는 약속을 주셨습니다. 하느님께서는 우리에게 축복을 주시길 원합니다. 그래서 삶은 힘들어도 여전히 선물입니다.

성서 말씀처럼 "너희에게 명하는 명령을 지키라"는 것을 기억하고 순종하기 바랍니다. 이 말씀은 하느님을 체험하라는 것입니다. 주님께서 우리를 도우시고 우리를 위해 계신 것은 소설이 아닙니다. 주님은 우리와 일시적인 관계로 존재하시는 것이 아니라 어려운 형편을 아시고 함께하는 실재입니다.

"네가 들어가 얻으려 하는 땅은 네가 나온 애굽 땅과 같지 아니하다"고 하셨습니다. 하느님 말씀을 지키는 사람에게 하느님이 베풀어 주시는 가장 좋은 것이 무엇이겠습니까? 마음이 온유한 자는 땅을 차지한다고 했으니 온유한 마음을 지켜 하느님 여호와께서 권고하시는 약속된 땅으로 들어가시기 바랍니다.

"열조에게 맹세하신 땅"을 차지하게 된다고 분명히 말씀하셨습니다. 이는 하느님이 허락하신 언약의 선물입니다. 여기서 중요한 것은 주신 것을 소유만 할 것이 아니라 소유한 것으로 하느님을 영화롭게 할 수 있어야 합니다. 복을 받아 누릴 자격과 하느님을 잃어버리지 않는 신앙이 있어야 하며, 우리의 마음을 두드리시는 주님이 보시기에 합당한 삶이 전개되어야 합니다.

내 안에 예수님이 계셔야 그분이 말씀하시는 사랑을 체험할 수 있습니다. 내 안에 교활한 마음이 가득한데 어떻게 주님이 원하시는 삶을 살아갈 수 있겠습니까? 나를 향한 약속이 이루어지려면 내 이웃을 내 몸과 같이 먼저 사랑해야 합니다.

새해도 벌써 두 번째 주일입니다. 주님의 말씀에 어떤 순종을 하셨나요? 너희가 내 이름으로 무엇을 구하든지 내가 반드시 시행해 주신다고 하셨으니 순종과 청함이 하나가 되어야 합니다.

너희가 얻을 땅은 "하늘에서 내리는 비를 흡수하는 땅"이라고 했습니다. 이른 비와 늦은 비가 내리는 가나안은 일 년에 비가 몇 차례 오지 않습니다. 하지만 헐몬산(2,815미터)의 만년설 덕에 산에서 불어오는 바람으로 인해 아침마다 이슬이 온 가나안을 덮습니다. 그 이슬에 땅이 젖어 농사를 지을 수 있는 환경이 됩니다.

비옥한 땅에서 거둬들일 결실은 우리에게 달려 있습니다. 무엇이든 마음과 성품을 다하여 신실한 마음으로, 정직한 마음으로 순종합시다.

"네 하느님이 권고하시는 땅이라"고 했습니다. 가나안을 벗어나면 풀 한 포기도 자라기 힘든 광야입니다. 하느님의 땅에서 벗어나지 맙시다. 나 자신이 옥토가 되도록 마음속에 성령을 충만히 채워야 합니다.

세초부터 세밑까지는 땅이 생기기 전부터 마지막까지를 뜻하기도 합니다. 하느님께서 이미 다 준비해 놓으셨다는 것이니 하느님께 영광이 되는 일이라면 주저하지 마세요.

우리는 한 그루의 나무와 같습니다. 그러므로 하느님의 축복을 통하여 각자의 과실을 맺게 될 축복이 내려졌음을 의심치 말아야 합니다. 맡은 사명을 잘 감당하면 신앙의 눈이 밝아질 것입니다. 모든 것이 주님이 가르쳐 주신 기도처럼 하늘에서 이룬 것같이 땅에서도 이루어질 것입니다.

어떻게 믿고 따를 것인가

긍휼히 여기는 자는 복이 있나니 저희가 긍휼히 여김을 받을 것임이요

마태복음 5:1-12

Jtbc 드라마 〈사랑의 이해〉를 보면 청춘들이 이익利益과 손해損害 관계를 사리 분별하여 해석하는 이해理解관계로 만듭니다. 기업은 국민을 이익과 손해로 보지만 국가는 국민의 사정을 잘 헤아려 보호하며, 상황을 이해하여 납득할 수 있게 해야 합니다.

국가 권력이 다수자를 지지하고, 소수자를 이해관계로 배제하면, 소수자는 다수자가 원하는 것을 반대하고 권력에 반대하는 것으로 비춰질 수 있습니다.

예수님은 "긍휼히 여기는 자는 복이 있나니 저희가 긍휼히 여김을 받을 것이라"고 하셨습니다. 산상 설교에서 장차 그리스도인이라 불릴 사람들에게 전하신 설교의 핵심입니다.

오늘날의 교회는 교리적으로 '무엇을 믿을 것인가?'는 잘되어 있는데, 실제로 '어떻게 믿고 따를 것인가?'에 대해서는 잘 안 되는 것 같습니다.

긍휼은 자비입니다. 자비란 무엇일까요? '자비'라는 낱말은 '모

태'를 뜻하는 히브리어 '레헴ᴅᴅᴅ'에서 유래한 것으로 이해타산이 없는 보편적인 사랑을 뜻합니다. 긍휼은 나중에 상 받을 행동들이 아니라, 지금 주님을 닮을 수 있도록 우리에게 주어진 적절한 기회로 이해타산 없이 사랑이 필요한 이들을 향해 마음을 굽히는 구체적인 사랑입니다.

위로를 주는 게 아니라, 마음을 움직여 능력을 효과적으로 이루게 하여 잘못 알고 있는 사고방식에서 원칙을 바꾸게 합니다. 여기서 지식을 버리거나 율법을 잊으라는 게 아니라 순종의 삶을 통해 가야 할 길을 바르게 알고자 함입니다.

'자비롭다'는 것은 용서하는 것 이상을 의미합니다. 그래서 자비를 베풀면 탕자의 돌이킴처럼 여호와께로 돌아서며 그 앞에서 살기를 소원할 수 있게 됩니다. 잘못된 선택이나 불의로 인해 희망마저 잃어버린 이웃이 있다면 교회가 이들에게 삶의 희망을 찾아 주어야 합니다. 예수님의 산상 설교를 살펴서 은혜의 교훈을 받고 신앙의 행동에 옮기기를 바랍니다.

"심령이 가난한 자는 천국이 저희 것이라"고 하셨습니다. 애통하고 의에 주리고 목마른 자도 배부를 수 있는 것은 땅을 기업으로 받은 온유한 자가 제 역할을 잘하기 때문입니다.

하느님을 보려면 마음을 청결하게 하라고 했습니다. 의를 위해 핍박받는 것을 두려워하지 말고 화평케 하는 사람이 됩시다.

주님을 위해 무엇을 했습니까? 주님께서는 당신으로 말미암아 우리가 거짓으로부터 욕을 듣기 원하십니다. 무엇으로 기뻐하고 즐거워할 것인지 선택은 우리의 몫입니다.

하느님 나라는 사후에 가는 곳만이 아닙니다. 그리스도의 영을 받은 사람들이 있는 곳이면 어디에나 존재할 수 있는 나라입니다. 우리가 "하느님 나라가 임하소서"라고 기도하는 이유가 바로 이 때문입니다. 가난한 자가 복을 얻고, 눈먼 자가 보게 되고, 죽은 자가 살아나는 모든 기적이 바로 여기에서 하느님 나라가 실현된다는 증거입니다.

구원이란 죽어서 가는 것이 아니라 주님을 만나고, 예배하고, 기도하는 것입니다. 마귀는 환경과 생각과 감정으로 행동하게 하고 공격하게 합니다. 주님의 산상 설교를 잘 이행하지 못하면 상처에 눌려 주님을 제대로 만나지 못합니다.

한국 교회는 뜨거웠던 은혜로 표적과 이적이 기적처럼 일어났지만, 그 뜨거움을 다 잃어버리고 냉랭해지고 있습니다.

주님을 찬양하고 경배합시다. 우리의 모든 것은 내가 하는 것이 아니고 주님이 하시는 것이 되어야 합니다. 지금 은혜롭게 살고 있다면, 이 풍요로움이 누구에게서 왔는지 알아야 합니다. 악한 영도 우리를 풍요롭게 할 수 있기 때문입니다.

주님의 관점은 시간과 장소의 공간에 머무르지 않습니다. 예수님과 우리 사이에 가로막은 그 무엇이 있습니까? 만약에 있다면 그것은 신앙의 뿌리를 죽게 하거나 썩게 하는 숨은 죄입니다. 근본적인 말씀을 살펴보아야 합니다.

주님을 사랑하고 순종하는 것을 넘어 부종_{附從}해야 합니다. 부종이란 '굳게 달라붙음'을 의미하는 것이니, 떨어지지 않고 끝까지 붙어 있으면, 주님은 우리의 생명과 장수이며 열조의 하느님, 곧 산자의 하느님이 되십니다.

그렇다고 꿩 잡는 게 매라는 듯 아무거나 잡으면 안 됩니다. 종교는 일반적으로 고등 종교와 원시 종교로 나뉘지만, 복을 추구한다는 점에서 차이가 없습니다. 하지만 고등 종교는 인류가 공감할 수 있는 보편성과 공공성을 지향합니다. 반면 원시 종교는 '기복신앙'이 핵심으로 개인의 욕망에 초점이 맞추어져 있으며, 욕망을 채울 수 있다면 형제나 이웃이 손해를 보거나 죽음에 이를지라도 거리낌이 없습니다.

'복음'은 예수 그리스도를 믿음으로 이루어지는 구원이 핵심입니다. 이 구원은 개인뿐만 아니라 사회와 우주의 구원까지 포괄하는 것으로 창조 질서 회복에 있습니다.

'교회가 산상 설교에 귀를 기울이지 않고 성장주의에 매몰되어가면, 방법이야 어떻든 교회만 성장하면 그만이라면, 부자가 하느님의 복을 받은 사람이라고 추앙된다면' 하는 생각이 나의 신앙관뿐만 아니라 한국 교회를 지배하고 있습니다.

주님은 오늘도 나에게 말씀하십니다. 교회만 크면 모든 것이 용서됩니까? 이는 하느님을 믿지 않거나 잘못 믿기 때문입니다.

주님의 뜻이 무엇인지 이해하십니까

세월을 아끼라 때가 악하니라 그러므로 어리석은 자가 되지 말
고 오직 주의 뜻이 무엇인가 이해하라   에베소서 5:15-17

삶은 호숫가에 피어나는 물안개와 같은 것이라고 합니다. 정말 그럴
까요? 비교하기 때문입니다. 지나고 보니 짧게 느껴진 것이지 실상
은 그렇지 않습니다.

갈대가 흔들린다고 우리가 갈대와 같은 존재일까요? 사람도 물과
바람에 따라 흔들릴 수 있기 때문에 그렇게 이야기하는 것입니다.

삶은 내 안에 눈물이 메마를 정도의 긴 시간을 통해 숙성되는 것
입니다. 에덴에서의 첫 눈물이 마르지 않고 지금까지 씨앗처럼 이어
져 내려오고 있습니다. 그 삶이 들에 꽃이 피어나듯 사람의 마음에
서 인고의 시간을 견뎌내 향기를 피워 내는 것입니다.

목사는 설교에 목숨을 걸라고 합니다. 맞나요? 수많은 교회가 교
인의 숫자로 근심하고, 재정으로 걱정의 담이 점점 높아지고 있습니
다. 이런 걱정을 하는 목회자를 만나는 것은 어렵지 않습니다. 이러
한 걱정이 설교로 연결되면 안 됩니다.

어떤 것이 예수님의 향기를 피워 내는 것일까요? 목사는 설교에

목숨을 걸기보다는 선한 행위와 정의로움에 목숨을 걸어야 합니다. 하느님 앞에서 목사가 목사다움을 고민하는 것이 우선입니다. 신앙을 가진 모든 교우도 합력하여 이 선을 고민해야 합니다.

병원에서 의사들의 머리를 가장 아프게 하는 환자는 의사인 환자라고 합니다. 직업이 의사인 환자는 치료 과정마다 아는 체 합니다. "왜 이렇게 하나?"며 따지고, 자기 주장을 강조하며 "이렇게 하는 것이 좋다"고 스스로 진단하니 골치가 아프다는 것입니다. 의사가 그렇게 잘 알면서 왜 병들어 병원에 왔을까요?

신앙도 그렇습니다. 사목하는 가운데 머리를 제일 아프게 하는 사람은 신학을 전공했거나 성서를 공부한 사람들입니다. 제대로 알지도 못하는 지식으로 자신이 잘못 알거나 왜곡된 것을 마치 주님의 가르침으로 착각하여 듣지 않고, 타인을 가르치려 들기에 서로 합력하지 못하고 분열되어, 오히려 종교가 없는 지인보다 못한 관계가 되기도 합니다.

내가 잘 안다는 생각을 버려야 합니다. 그러지 않으면 나만 옳다고 주장하여 편협한 생각으로 똘똘 뭉쳐져 신앙 공동체가 흔들리게 됩니다.

대한민국 국민이라면 거의 다 본 듯한 〈쓸쓸하고 찬란하신神, 도깨비〉라는 드라마가 있습니다. 이 드라마의 주인공은 불멸의 삶을 형벌로 받은 고려의 장군입니다. 오래 살고 싶은 게 사람의 욕망인데 이 드라마에서는 외로움을 겪는 '형벌'로 표현합니다.

성서에 보면, 365년을 살며 '하느님을 기쁘시게 하는 자로 기록된' 에녹이 나옵니다. 그는 어울릴 사람이 없었던지 하느님과만 동행하며 살다가 죽지 않고 하늘나라로 옮겨갔다고 합니다. 세상과 어울릴 수 없는 외로움 때문이었을까요? 에녹의 아들 므두셀라는 969년을 살았습니다.

성서에 그에 대한 특별한 언급이 없기에 대런 애러노프스키Darren Aronofsky 감독의 영화 〈노아〉를 보면 므두셀라는 마을 사람들과 어울려 살지 않고, 높은 산 깊숙한 동굴에 거주하는 의문스러운 노인으로 홀로 살아갑니다. 그는 손주인 노아가 방주를 만들었는데도 그 배에 오르지 않고 숲속에서 죽음을 맞이합니다. 그는 '왜 그랬을까?' 하는 많은 생각을 하게 했습니다.

올해 아흔인 제 어머니는 큰 수술을 두 번 하시고, 김해에 소재한 도립노인전문병원에 입원 중입니다. 아픔과 외로움 속에 계시는 어머니는 자녀들을 보고 싶어합니다. 하지만 병원에서는 하루에 면회 시간을 10분밖에 주지 않기에 그 외로움이 해갈되지 않고, 또한 멀리서 사는 자녀들은 이틀의 시간을 내야 겨우 10분 동안 얼굴을 볼 수 있는 실정입니다.

무엇이 해결책일까요? 에녹처럼 하느님과 동행하는 것에 만족하는 것이 답일까요? 성서는 "너희가 어떻게 행할 것을 자세히 주의하여 지혜 없는 자같이 말고 오직 지혜 있는 자같이 하여… 오직 주의 뜻이 무엇인가 이해하라"고 하는데 주님의 뜻을 알기가 참 어렵고, 믿음을 통해 오직 하느님의 사랑과 은혜로 말미암아 구체적으로 해결 방안을 알고 싶지만, 그분의 뜻을 온전히 깨닫기 어렵습니다. 그리하여 평온하기를 기도하고 주님께 맡깁니다.

무엇이든지 설익었을 때 문제가 있습니다. 설익은 밥은 밥이긴 해도 원하는 맛은 아닙니다. 신앙도 그렇습니다. 온전하지 않은 신앙은 평온하기가 어렵습니다.

온전한 신앙이란 자신이 가진 주님에 대한 신앙으로 그분을 믿는 것과 아는 것이 하나가 되는 삶입니다. 지금까지의 삶에 동행하시고, 지켜 주신 것에 감사하는 것입니다. 이 감사는 그분을 믿는다는 사실에 근거하여 믿음으로 행동하는 것을 의미합니다. 알기만 하고 믿음으로 행동하지 않으면, 알지 못하면서 믿는 체하는 온전치 못한 모습입니다.

주님의 기도를 생각합니다. "나의 원대로 마옵시고, 아버지의 원대로 하옵소서." 온전한 사람은 장성한 믿음의 분량에 의해 흔들리지 않습니다. 인고의 시간에도 허락된 시간으로 감사하며 아름다운 조화를 이룰 수 있습니다.

주님의 뜻이 무엇인지 이해합니까? 예수 그리스도를 믿고 따른다는 것은 시간의 흐름에 따라 더 나은 변화가 나로부터 열매 맺는 것입니다. 여기서 신앙적 퇴보가 있다면 마음이 굳어졌기 때문입니다. 조건이나 이유를 내세우지 않고 말씀을 믿음으로 받아들여야 장애가 되지 않습니다.

혹시 버리지 못한 욕심이 있으면, 지금이라도 버리고 주님의 가르침을 기억합시다. 예수님은 의와 진리와 거룩함을 가르쳤습니다. '내가 왜 예수님을 믿는가?'를 잊지 마세요. 주님께 배운 대로 살아갑시다. 그리하면 오늘의 염려를 내려놓을 수 있습니다.

마음을 깨뜨려라

이스라엘 자손의 온 회중이 여호와의 명령대로 신 광야에서 떠나 그 노정대로 행하여 르비딤에 장막을 쳤으나 백성이 마실 물이 없는지라

출애굽기 17:1~7

오늘은 '임마누엘'이라는 저의 시로 마음을 엽니다.

연못에 비치는 달은 작은 돌멩이 하나로 깨어질 수 있듯
나에게 비치는 임도 작은 것 하나에 깨어져 보일 수 있습니다
마음이 흔들리면 행복이 깨어져 보이니 실망하지 말아요
하늘의 달이 변하지 않고 그대로 있어
연못의 달이 곧 원상태로 돌아오듯
어려움이 닥쳐와도 임은 늘 임마누엘입니다.

삶은 불특정한 초원과 광야를 지나는 여행입니다. 험난한 행로에서 목이 마르고 갈증날 때, 늘 곁에서 동행하시는 예수님께서 주시는 생수를 마시고 새 힘을 얻어야 합니다.

본향을 향해 가는 교우들은 특별히 영적 생명을 보존하기 위해 생수를 찾아 마셔야 합니다. 인생의 갈증은 오염된 세상에서 해갈하

기 어렵기에 교회가 약수터가 되어야 갈증난 사람들에게 생수를 공급할 수 있고 새 힘을 나눌 수 있습니다.

오늘 성서를 보면 히브리 민중은 하느님의 명령대로 광야를 떠나 르비딤에 장막을 칩니다. 민중은 마실 물이 없는 이곳에서 지도자인 모세를 불신하여 원망하기 시작합니다.

모세는 기도로 부르짖어 하느님을 찾았고, 이에 하느님은 "너는 장로들을 데리고 호렙산으로 가 네 손의 지팡이로 호렙산 반석을 치라 그것에서 물이 나리라"고 응답하십니다.

모세는 히브리 장로들 앞에서 하느님의 명령에 순종하여 행했습니다. 이에 반석이 깨어지며 생수가 솟아올라 넘쳐흐릅니다. 모세가 지팡이로 내려친 반석은 우리에게 특별한 교훈을 줍니다. 호렙산의 반석은 '산돌'을 의미합니다. 즉 모세의 지팡이에 맞아 깨어진 반석은 예수 그리스도가 십자가로 잘못된 율법을 깨뜨린 것을 암시합니다. 모세의 지팡이는 율법입니다. 율법은 죄 지은 사람의 목숨을 쥐고 있습니다.

반석이신 예수님은 육체를 깨뜨리어 온 인류에게 구원의 생수가 흐르게 하셨고, 이 생수를 마시는 자마다 영원히 목마르지 않을 것이라고 하셨습니다. 반석에서 흘러나오는 생수를 잊지 말아야 합니다. 이 물은 반석이신 예수님에게서 흘러나오는 영원히 목마르지 않는 생수입니다.

예수님은 수가성에서 우물가에 있는 여인에게 "이 물을 먹는 자마다 다시 목마르려니와 내가 주는 물을 먹는 자는 영원히 목마르지 아니하리라"고 말씀하셨습니다.

세상에서 흘러넘치는 물은 다시 목마르게 하지만, 십자가에 달린 '산돌'이신 예수님에게서 흘러나오는 생수를 마시면 영원히 목마르지 않습니다.

반석이 깨어져 솟아나는 물을 마시고 해갈한 민중처럼, 그리스도께서 육체를 치심으로 온 인류에게 구원의 생수를 주신 하느님의 큰 은혜를 받길 바랍니다.

우리의 반석도 깨어져야 합니다. 우리가 쳐야 할 반석은 내 안에 있습니다. 겉 사람이 깨어지지 않고는 속사람이 나올 수 없습니다. 누구든지 겉 사람이 깨어지면 성령의 능력이 속에서 밖으로 흘러 날 것입니다.

단단한 향유 옥합이 깨어져야 그 속에서 향유가 흘러나오는 것처럼, 내가 깨어져야 통회의 눈물이 흘러나오고 생수가 터지게 됩니다. 호렙산 반석이 히브리 민중에게 생수를 공급했듯이, 산돌은 생수가 있어야 하는 자들에게 찾아옵니다.

슈바이처Albert Schweitzer 산돌은 아프리카의 생수가 되었고, 인도의 맨발 전도자 선다 싱Sundar Singh 산돌은 얼어붙은 히말라야산맥을 넘어섰으며, 저메인 토마스Robert Jermain Thomas 산돌은 대동강에서 조선에 생수를 쏟았습니다.

이제 우리가 산돌이 되어야 합니다. 모두가 힘들어 하는 어려운 때에 각자의 자리에서 일어나 산돌이 됩시다. 우리가 복음입니다. 오늘 이 시간 깨어진 산돌이 되길 기도합시다.

모이기를 힘쓰라

우리가 마음에 뿌림을 받아 양심의 악을 깨닫고 몸을 맑은 물로 씻었으니 참 마음과 온전한 믿음으로 하느님께 나아가자

히브리서 10:19-25

겨우내 교회 창가에서 잠을 자던 루피너스가 곱게 핀 아침입니다. '층층이부채꽃'이라 불리는 루피너스는 원산지가 지중해 연안이지만, 북아메리카 등 여러 곳에 분포되어 있습니다. 이 꽃의 꽃말은 삶의 욕구와 탐욕, 모성애와 행복 그리고 공상과 상상력 등 다양한 의미가 있습니다.

정성을 들여 오랫동안 발아를 기다린 꽃을 사진 보듯 가볍게 보면 제대로 느낄 수 없습니다. 가까이 다가가서 잎과 꽃의 모양은 어떠한지 살펴보고, 어떤 향기가 나는지 코끝의 감각에 온 신경을 집중해서 맡아보고, 꽃말은 무엇인지 찾아보아야 제대로 알 수 있습니다.

바울 사도는 믿음의 형제들에게 "우리가 예수의 피를 힘입어 성소에 들어갈 담력을 얻었다"고 말하며 모이기를 폐하는 어떤 사람들의 습관과 같이 하지 말라고 강조했습니다.

성서는 눈에 보이는 대로 읽는 게 아니라 그 뜻을 알기 위해 순종하는 마음으로 자세히 살펴보아야 합니다. 예를 들어 마리아는 남자

를 알지 못하는 처녀의 몸인데 잉태하여 아들을 낳으리라는 하느님의 말씀을 받았습니다. 이 말씀이 어떻게 현실로 이루어질 수 있는지 도저히 이해할 수 없고, 그 과정에 따르는 온갖 어려움을 제대로 감당할 수 있을지 자신도 없었습니다. 그러나 마리아는 하느님의 마음을 헤아리기 위해 그분의 말씀을 마음 깊이 머금고 곰곰이 생각했습니다.

먼저 하느님께서 주시는 말씀의 의미를 묵상하기 시작한 것은, 그 안에 담긴 의도와 뜻을 깨닫게 되리라는 믿음이 있었기에 가능했습니다. 마리아는 '어떻게' 해야 하느님의 뜻이 이루어질 수 있는지 그 방법을 찾습니다. "저는 남자를 알지 못하는데, 어떻게 그런 일이 있을 수 있겠습니까?"라는 그녀의 질문은 부정의 뜻이 아니라, 하느님의 뜻이 이루어지게 하려면 구체적으로 무엇을 해야 할지 그 실행 방법을 묻는 것이었습니다.

천사가 "성령께서 너에게 내려오시고 지극히 높으신 분의 힘이 너를 덮을 것이다"라고 대답하자, 마리아는 믿음으로 "말씀하신 대로 저에게 이루어지기를 바랍니다" 하며 받아들입니다.

나의 생각으로 불가능한 일은 전능하신 하느님께 순종하며 그분의 일에 협력해야 그 의문을 풀 수 있습니다. 믿음이란 하느님께 자신의 실제적 행위를 보이는 데서 시작됩니다. 신앙의 원동력은 '예수님의 피'인데 이는 우리 중에 의인이 없기 때문입니다. 예수님의 죽으심으로 이루어진 구속 사역이 우리에게 죄를 회개할 용기를 주고 주님을 위해 헌신할 수 있게 한 것입니다. 보혈을 통해 은총을 입은 것입니다.

"모이기에 힘쓰라"는 어떤 명령일까요? 모여서 기도하고, 찬양하고, 말씀을 묵상하라는 것입니다. 참 소박한 명령입니다. 초대 교회 교인들은 이 명령대로 날마다 마음을 같이하여 성전에 모이기를 힘썼다고 합니다. 교인의 타락을 막기 위함입니다. 모이지 않으면 교회에 위기가 오는 것을 막기 어렵기 때문입니다. 초대 교인들은 "우리가 마음에 뿌림을 받아 양심의 악을 깨닫고 몸을 맑은 물로 씻었으니 온전한 믿음으로 하느님께 나아가자"고 했습니다.

"우리가 알고 있는 도리의 소망을 움직이지 말고 굳게 잡아 서로 돌아보아 사랑과 선행을 격려하라"고 했는데, 오늘 나는 교회에서 어떤 모임에 힘쓰고 있나요?

나와 예수님과 관계는 멀리서 시작되는 게 아닙니다. 믿음에 의한 소망은 하느님께서 주시는 면류관과 동일합니다. 주님의 피와 눈물과 땀은 우리가 형제와 이웃을 위해 해야 할 기도와 헌신입니다.

성소의 휘장이 찢어질 때, 우리 스스로 성전에 나아갈 담력을 얻었습니다. 우리가 하느님 앞으로 나아가야 하는 필연성과 원동력을 주님께서 열어 주신 것입니다.

우리는 보혈로 힘입었으니 적극적으로 모이기를 힘써야 하고, 믿음의 소망을 굳게 잡아야 합니다. 모였을 때, 다툼이 일어난다면 원인은 힘입니다. 전쟁이 일어나는 이유도 힘 때문입니다.

나에게 들어오는 생각 하나만으로도 스스로 악마가 되기에 충분합니다. 그러기에 잘못된 생각에서 나오려면 성전에 모이기를 힘써야 합니다. 나의 힘이 잘못 사용되면 이웃을 낙심하게 합니다. 나의 정욕이 이웃에게 얼마나 견디기 어려운 심판인지를 깨달아야 합니다.

주현절 ——————

모여서 드리는 예배는 하늘에서 내려오는 기름 부음을 받아야 합니다. 형식적인 예배가 아니라 주님의 뜻을 알고 순종하는 예배여야 합니다. 우리가 모여 드리는 예배가 온전한 산제사가 되길 기도합시다.

"우리의 마음이 주님을 향하도록 주장하여 주시고, 영의 예배를 드릴 수 있게 해주소서."

성전에 모이는 사람들도 성전 밖의 모임에 눈이 먼저 가고 마음을 내어 줍니다. 하느님의 눈보다 사람들의 눈을 더 두려워합니다.

바울은 "모이기를 폐하는 어떤 사람들의 습관과 같이하지 말고 오직 권하여 그 날이 가까움을 볼수록 더욱 그리하자"고 했습니다. 나의 의견은 분명 중요합니다. 그러나 주님의 뜻이 더 중요함을 알아야 합니다. 이것을 모르면 마음이 어렵습니다. 바울은 히브리서에서 교우들이 가져야 할 필연성을 이야기했습니다.

보혈을 힘입어 담력을 얻었으니 우리가 가야 할 길을 편협한 생각과 타협하지 맙시다. 안일한 생각을 벗어던지고 모이기에 힘쓰기를 바랍니다. 시험이 찾아와 힘이 들면 성모 마리아를 생각합시다.

산상변모주일
사순절

사명, 합당한 삶

> 내가 이미 얻었다 함도 아니요 온전히 이루었다 함도 아니라
> 오직 내가 그리스도 예수께 잡힌바 된 그것을 잡으려고 좇아가
> 노라
>
> **빌립보서 3:12**

신정이 새해로 정착되어 설날은 그 의미가 약해졌지만, 민족의 가장 중요한 명절이라 1985년에 공휴일로 지정되었고, 1989년부터 설날 전후 3일을 공휴일로 지정하여 부모 형제를 찾는 고향 방문길이 여유로워졌습니다.

일제강점기에는 피식민지 조선인들이 쇠는 설을 폐지하고, 정책적으로 설을 구정이라고 지정하면서 비하되기도 했습니다.

설날은 내가 축복을 받기 원하는 날이 아니라 축복을 주는 날입니다.

"새해 복 많이 받으세요. 새해에는 하느님의 놀라운 은혜를 경험하시길 바랍니다."

지금 서로를 축복해 보세요. 설날은 서로 축복해 주기 때문에 따뜻하고 즐거운 명절입니다. 어제가 '설'이었는데 어떻게 보내셨나요? 저는 명절에 주일이 끼어 있으면 어머니와 형제들을 만나러 가지 못합니다.

나무를 자르면 나이테가 보입니다. 둥근 줄이 많고 클수록 오래된 나무입니다. 사람들도 나무처럼 주름이 하나 더 생기며 새로운 날을 맞이하게 됩니다. 신앙생활을 오래 한 교우들도 자신의 믿음과 신앙이 자라길 기도해야 합니다. 믿음과 신앙, 인격과 성품이 자라가는 사람은 그 기간이 언제까지일까요? 언제까지 환경을 축복으로 바라보실 건가요?

어린 나무는 햇빛을 받기 위해 큰 나무들 사이에서 해를 향하여 뻗어 나가야 성장하지만, 성장한 나무는 햇빛을 받는 데 어려움이 없습니다. 이미 성장한 나무는 열매 맺기 위한 일을 해야 합니다.

아흔의 제 어머니는 자신을 위해 기도하지 않고 미래를 위해 기도합니다. 자녀들이 살아가는 사회가 사랑의 열매로 가득 맺혀지기를 위한 기도입니다. 신앙이 깊은 사람은 사명을 감당하기 위해 기도해야 합니다. 사명의 순종이 없으면 지금까지 지켜 왔던 신앙과 주님의 말씀이 아무 의미가 없습니다.

여러분은 어떤 사명이 있습니까? 받을 축복도 중요하지만 이미 받은 은혜로 사명을 감당해야 합니다. 우리가 사명을 감당해야 하는 이유는 하느님도 미래를 알지 못하시기 때문입니다. 씨앗 하나가 심겨서 앞으로 얼마만큼의 열매를 맺을지 아는 이는 아무도 없습니다. 모든 것이 하느님의 손안에 있는 것이 아닙니다.

사명도 없이 기도만 하면서 사나요? 우리의 미래가 형통하고 축복된 삶을 살기 위해서는 사명을 찾아서 감당해야 합니다.

사랑을 받을지 미움을 받을지 궁금합니까? 사명을 감당하면 됩니다. 내게 무슨 사명이 있는지 모르나요? 지금까지 배운 지식을 사용하여 형제와 이웃을 사랑하는 것이 사명입니다.

장래의 일을 하느님께 묻는 것이 무엇일까요? 예수 그리스도의 구속을 통해 구원받을 수 있을지 궁금합니까? 우리가 믿음의 사람으로 바르게 살면 구원은 염려하지 않아도 됩니다.

여러분이 생각하는 예수님은 어떤 모습인가요? 저는 성서의 기록대로 예수님은 먹고 마시는 것을 즐거워하신 분이라고 생각합니다. 유대인들이 그분을 세상의 부랑아들과 한패라고 했을 때, 예수님은 탄식하시며 "인자는 와서 먹고 마시매 너희 말이 보라 먹기를 탐하고 포도주를 즐기는 사람이요, 세리와 죄인의 친구로다"라고 하셨습니다. 어찌 보면 세례자 요한의 금욕적이고 엄숙한 모습에 반해, 예수님은 먹기를 탐하는 자와 같이 자유롭습니다. 예수님의 자유로운 식탐은 당시 유대 종교 지도자들의 흉내만 내는 금식을 비판하시는 의도였습니다.

생각해 봅시다. 나는 두 사람 중 누구와 더 가깝습니까? 대부분 예수님과 더 가깝다고 생각할 것입니다. 그러면 잘못된 지도자들의 내세우기 좋아하고 흉내만 내는 것에 대해 말씀한 것은 무엇일까요?

금식은 하느님 앞에 하는 것이지 사람에게 보여 주기 위한 것이 아님을 말씀하신 것입니다. 오늘날 많은 사람이 내가 고통 속에서 금식한다고 광고하며 유대 지도자들처럼 생색을 내고 있습니다.

사람이나 물건은 어디에 쓰이느냐에 따라서 그 가치의 차이가 생깁니다. 자랑하고 흉내내는 것은 사명이 아닙니다. 아무리 재능이 좋은 사람이라도 나쁜 일을 도모하면 그의 가치는 쓰레기가 됩니다. 그래서 직업 뒤에 'ㅇ레기'가 붙기도 합니다. 그러나 볼품이 없는 사람이라도 의로운 일을 하면 의인이 됩니다.

그리스도인은 그리스도의 죽으심으로 생명을 얻었다고 확신합니다. 이는 정의의 도구로 쓰임 받음입니다. 즉 사명을 받음입니다. 새 생명을 얻는 사람은 무엇보다도 그리스도와 연합하여 형제와 이웃을 사랑하여 하느님 나라를 만들어 가야 합니다.

이념은 물론이요, 계층 간의 갈등, 세대 간의 갈등으로 사회는 양극화되어 있습니다. 예수 그리스도가 세상에 오신 이유는 화목자의 역할을 감당하시기 위함이었습니다. 전쟁과 다툼, 시기와 질투 등 이 모든 것은 사람의 마음에서부터 시작됩니다. 세상이 평화롭지 못한 것은 자신과의 싸움에서 패배했기 때문이고, 패배자 속에 있는 마음으로부터 번지게 된 것입니다.

사명을 모르는 사람은 자신이 속해 있는 곳에서부터 화목자가 되면 됩니다. 사회 속에서 일어나는 갈등에 방관자가 되지 말고, 조각난 양심을 붙여 우리의 죄를 우리에게 돌리지 않으신 예수님을 따라 하면 됩니다. 우리가 진정으로 하느님을 믿고 그리스도의 구속 사역을 믿는다면, 우리는 하느님의 능력을 힘입어 의와 진리와 거룩함으로 덧입을 수 있습니다.

바울이 에베소의 감옥에서 "내가 이미 얻었다 함도 아니오 온전히 이루었다 함도 아니라 오직 내가 그리스도 예수께 잡힌바 된 그것을 잡으려고 쫓아가노라"고 했듯이 이웃과 평화롭게 살 수 있는 세상이 되도록 예수 그리스도를 좇아 사명의 책임감을 느끼고 바르고 성실하게 살아갑시다. 제 시로 오늘의 말씀 나눔을 마무리합니다.

돌 같은 마음으로

과거에도 현재에도
버리지 못한 게 있다
미래마저도 아마 그럴 것 같다

마음을 투영시켜 진실을 토해 내면
서로를 어떻게 대해야 하는지
방관하지 않고 지킬 방법을 찾을 수 있을까

진실은 우리를 하나 되게 하기보단
갈라지게 하여 돌처럼 마음을 굳게 한다

위기의 날이 오면
그 돌로
어떤 이는 다리를 만들고
어떤 이는 벽을 세운다.

주님께서 함께하실 것입니다. 서로에게 다시 축복합시다.
"새해 복 많이 받으세요."

스스로 선택한 고난

나의 간절한 기대와 소망을 따라 아무 일에든지 부끄럽지 아니
하고 오직 전과 같이 이제도 온전히 담대하여 살든지 죽든지
내 몸에서 그리스도가 존귀히 되게 하려 하나니 **빌립보서 1:20**

사순절 첫째 주일을 맞이하여 고난에 대해 묵상합니다. 사순절은
초대 교회 제자들이 자신들을 위해 대속하신 그리스도의 찢기신 살
과 흘리신 피를 기억하며 예수님의 수난에 동참하는 의미의 절기입
니다.

부활절을 기다리며 그리스도의 지상 생활을 기념하고, 그분에 대
해 이야기하려면 고난에 관한 깊은 묵상이 있어야 합니다.

고난받는 메시아의 개념은 당시 로마 세계에서는 접하기 어려운
것이었습니다. 그런데 신약에서 예수님의 고난과 희생이 중요한 주
제로 다루어집니다. 이는 로마의 식민지가 된 이스라엘의 비극을 이
해할 수 있고, 하느님 나라에 대하여 예수님의 고난과 희생이 무엇
을 가르치는지 이해하게 합니다.

당시 '왕국'이라는 개념은 정치적 의미가 있었지만, 성서에서는
영적 차원을 시대의 문화와 종교적 맥락을 밀접하게 연결하여 강조
합니다.

사람들은 무엇인가 이루려 하고 무엇을 하는 것으로 평가하고 평가받지만, 예수님은 하나라도 더 내려놓으려고 하시며 희생을 선택하셨습니다. 예수님의 선택은 완전하려고 하신 게 아니라 진리를 강조합니다. 예수님을 그리스도로 삼아 살아가는 사람은 어떤 선택을 하며 살아야 할까요?

기독교대한복음교회 2대 감독인 백남용 신부信父, 믿음의 아버지는 한국전쟁 중에 공산당 권력이 교회의 십자가를 내리고 강단을 해체해도 예배를 중단하지 않았습니다. 그로 말미암아 박해받다가 체포되어 김제 내무서에 투옥되었지만 흔들리지 않았으며, 옥중에서 수감자 간호 등 전인적 신앙으로 다른 이들의 목숨을 구하며 순교자의 반열에 들었습니다. 가득 찬 것은 소리를 내지 않듯 내면의 뜰이 꽉 찬 사람은 드러냄이 다릅니다.

요즘 청년들은 '안전한가'를 제일 우선시하며 살아갑니다. 여러 곳에 널리 회자되고 있는 '가만히 있으라'는 글을 함께 나눕니다.

어항을 가져오신 선생님은 탁자에 내려놓더니 금붕어를 꺼내어 교실 바닥에 내버려두었습니다. 그리고 아이들에게 자신이 돌아올 때까지 절대 자리에서 일어나지 말라고 명했습니다. 선생님은 이를 지키지 않으면 퇴학을 시키겠다고 경고까지 하며 교실을 비웠습니다.

금붕어는 숨을 헐떡거리며 퍼드덕거렸습니다. 아이들은 모두 제자리에 앉아 금붕어의 사투를 지켜만 보고 있었습니다. 선생님의 말씀을 어겨 곤경에 처하고 싶지 않았기 때문입니다. 그런데 한 학생이 자리에서 일어나더니 금붕어를 잡아서 어항에 넣어 주었습니다. 그 학생은 금붕어가 죽어가는 것을 지켜볼 수가 없었습니다.

잠시 후 교실로 돌아오신 선생님이 어항 속의 금붕어를 보고 오늘 이 과정 자체가 수업이라고 했습니다. "자신이 곤란에 처해질까 해서 옳은 일 하기를 단념해서는 안 된다. 때로는 단지 그렇게 하는 것이 옳은 일이기 때문에 권위와 집단 사고에 대해 반대해야 할 수도 있다"고 옳음에 대해 가르쳤습니다.

다시 예수님이 세상에 오셨을 때, 이런 상황이 벌어질 수 있습니다. 그때 그리스도인들은 권위와 집단 사고에 맞설 수 있어야 합니다. 오늘 우리가 평온하게 살 수 있는 것은 옳은 것을 선택한 사람들의 희생 덕분임을 알아야 합니다. 예수님을 비판하고 욕하는 사람들은 예수님과 아무 관련이 없습니다. 스스로 예수님의 제자라고 말하는 사람들은 옳은 선택을 용감하게 실행해야 합니다.

사순절은 그리스도인들이 오염된 신앙을 새롭게 정제하는 기간으로 참회의 수요일부터 시작하여 부활절까지 46일간입니다. 46일 사이에 있는 여섯 번의 주일은 작은 부활절로 지키며, 절제와 금식을 하는 교회의 전통이 이어 내려왔습니다.

거미줄처럼 모든 것이 엉켜 있는 현대인의 삶은 전통적 종교의 신앙인 하늘의 본향보다 지금 이 땅, 이 세상을 더 중요시하기 때문에 살아가는 삶의 방향에서 벗어나기 힘듭니다.

사람들이 부귀와 영화를 상징하는 금 면류관을 좇아가기에 예수님은 모든 저주의 가시관을 쓸 수밖에 없지 않았나 생각해 봅니다.

서로가 고통과 아픔을 줄 때, 예수님은 그 모든 것을 홀로 담당하셨습니다. 조롱으로 만들어진 가시 면류관이지만, 이 면류관은 시간이 지나면서 사랑의 면류관으로 변화되어 우리의 깊은 상처까지 치유해 줍니다.

사실 우리의 삶은 험한 세상에서 너무도 많은 가시에 찔리며 살아 상처투성이가 되어 있습니다. 최선을 다해도 안 되는 게 많아서 울어도, 참아도 견딜 수 없는 마음입니다. 이 아픔을 치유할 수 있는 것이 바로 가시 면류관입니다. 상처받은 사람은 반드시 치유받아야 합니다. 이 상처를 십자가 위에서 가시 면류관을 쓰시고 흘리신 예수님의 보혈로 깨끗이 치유할 수 있습니다.

선한 일을 하다가 오해받을 때도 있고, 주님만 바라보고 살아왔는데 허망한 일을 당할 때도 많습니다. 그때 가시 면류관을 바라봅시다. 상처를 입었지만 참고 이겨내신 주님 곁으로 가면 주님은 우리의 찔린 상처를 치유해 주실 것입니다.

가시 면류관은 약속입니다. 예수님은 고난의 가시를 통해 면류관을 만들어 주십니다. 어쩌면 하느님이 우리에게 면류관을 엮도록 하기 위해 가시를 주고 역사하시는 것 같습니다.

고난의 가시는 분명 우리를 괴롭힙니다. 우리의 삶을 찌르고, 특히 자녀를 찌르며 도전해 오는 고난은 원수처럼 두렵기도 합니다. 이때 분명히 기억할 것은 예수님께서는 우리의 가시를 영광의 면류관으로 만들 수 있는 본을 보여 주셨다는 것입니다. 이것은 선물이며 약속입니다.

예수님을 따르던 사람들이 떠나가면서 가시들이 독침이 되었고 주님은 죄의 가시에 찔려 돌아가셨습니다. 오늘 나 때문에 예수님이 가시에 찔려 탄식하시는 것은 아닌지 돌아보아야 합니다.

나에게 가정과 사회를 찌르는 가시가 있다면 그것은 어디서 온 것일까요? 혹시 주님을 멀리한 게 아닐까요? "나의 간절한 기대와 소망을 따라 아무 일에든지 부끄러워하지 아니하고 지금도 전과 같이 온전히 담대하여 살든지 죽든지 내 몸에서 그리스도가 존귀하게 되게 하려 하나니"라고 고백해 봅시다. 부끄러움 없이 부활을 기다릴 수 있는 교우가 되길 바랍니다.

옳고 그름의 분별

가로되 모세와 선지자들에게 듣지 아니하면 비록 죽은 자 가운데서 살아나는 자가 있을찌라도 권함을 받지 아니하리라 하였다 하시니라

누가복음 16:19-31

사순절 두 번째 주일을 맞이하면서 '옳은 것'에 대해 생각해 봅니다. 이젠 옳은 말을 하면 그 말이 옳음이 아니라 누구의 편이 되어 버리는 시대입니다. 옳고 그름을 분별하려는 마음이 없어진 것은 정의가 선명하지 않은 세상에서 눈을 감고 무리의 이익을 앞세우기 때문입니다.

대통령 선거가 끝난 지 오래되었지만, 민생은 먹고사는 문제로 힘들어하는 데도 여야는 정쟁으로 치닫고 있습니다. 누가 저에게 말합니다. "목사는 정치에 관심 갖지 마세요!" 윽박지르는 소리처럼 들립니다. 종교는 정치에 관여하지 말라는 것입니다. 루소의 말을 빌려 이야기하면, 누군가가 정치에 관해 "그게 나랑 뭔 상관이야?"라고 말하는 순간 그 나라는 미래가 없어지는 것입니다.

제가 알고 지내는 사람들 대부분이 힘든 날들을 보내는 요즘입니다. 목사의 정치는 행복해서 삶이 소중한 것은 아니라, 소중한 삶이 무엇인지 알게 하는 것입니다. 그 삶을 이끄시는 하느님의 뜻을 알

고 사모하여 지금 행복할 수 있다고 알리는 것입니다.

사람들은 낭만적인 삶을 살기 원합니다. 로맨틱이란 말을 아십니까? 로맨틱romantic은 로마는 아닌데 로마와 비슷하다는 뜻입니다. 정확하게 말하면 로마에 정복된 도시에서 로마 제국의 분위기가 난다는 것입니다. 이 단어를 한문으로 '낭만浪漫'이라고 표현합니다.

낭만은 식민지로 살면서 그 식민지가 달콤한 사랑으로 포장되어 있는데 그 사실을 알지 못하고 살아가는 것입니다. 예를 들어 성서에 나오는 안디옥은 나라를 빼앗겨 식민지로 살지만, 스스로 낭만적인 도시라고 부르고 자랑스러워합니다.

오늘날 로마 제국은 사라졌지만, 로맨스와 낭만은 살아남아 로마스러움을 달콤한 가슴으로 사는 것으로 남겼습니다.

한국인으로 살면서 혹시 안디옥 사람들처럼 일본스러움을 자랑스러워하십니까? 35년간 일본의 식민지로 살아온 우리로서는 로마 제국의 속국으로 사는 것이 무엇이 그리 달콤한지 이해하기 어렵습니다.

복음서에 보면, 부자가 지옥에서 고통받는 중에도 반성은 없고, 그의 생각은 여전히 뻔뻔하다는 것을 알 수 있습니다. 부자는 살아생전에 헌데를 앓으며 자기 집 대문 앞에 누워 상에서 떨어지는 것으로 배를 채우려 한 거지 나사로에게 아무 관심도 없었습니다. 부자는 병들거나 굶주린 이웃에게 아무런 공감이 없었습니다. 개들만 와서 그 헌데를 핥았다고 성서에 기록되어 있습니다. 그가 죽은 후 음부에서 고통 중에 눈을 들었는데, 멀리 아브라함과 그의 품에 있는 나사로를 보게 됩니다.

그는 살아생전 어려운 처지에 있었던 나사로를 외면하고 살았으면서, 참으로 뻔뻔하게 아브라함을 불러 자신을 긍휼히 여겨 나사로를 보내어 그 손가락 끝에 물을 찍어 자신의 혀를 서늘하게 해달라고 청하면서 불꽃 가운데서 고민하고 있다고 하소연합니다.

나사로가 그렇게 해주는 것이 당연할까요? 또 부자는 나사로를 내 아버지의 집에 보내어 자기 형제 다섯에게 이 고통스러운 지옥에 오지 않도록 경고해 달라고 청합니다.

그의 마음에는 나사로가 굶주림 속에 방치되어 죽게 되었다는 미안함이나 죄책감은 하나도 없으며, 뻔뻔하게 자기 입장과 형제의 안위만을 생각하여 자기를 위해 봉사해 줄 것을 부끄러움 없이 청했습니다.

이런 이기적이고 자기중심적인 태도가 이 부자에게만 있을까요? 이웃을 향한 나의 이기심과 무관심이 무엇을 단절시키는지 깨달아야 합니다. 십계명을 어기거나 하느님 보시기에 큰 악행을 저지르지 않았다고 해서 우리의 할 바를 다 한 것이 아닙니다. 아직 기회가 있을 때 선행과 자비를 실천하지 않으면 이것이 곧 죄입니다. 그 죄를 살아 있을 때 깨닫고 돌아보아야 합니다.

부자는 지옥에서도 자기 혀만 서늘하게 하는데 관심이 있을 뿐 주위를 돌아보지 않았습니다. 야고보는 "사람이 선을 행할 줄 알고도 행치 아니하면 죄가 된다"고 했습니다. 어리석은 부자가 지옥에 간 것은 많은 재물 때문이 아니라 하느님과 재물을 함께 섬겼기 때문입니다.

심판은 재물을 바르게 사용하지 않고, 그르게 사용했기 때문에 받습니다. 돈이면 무엇이든 다 할 수 있는 세상이라고 생각하면, 재물의 소유가 되어 버립니다. 재물의 종이 되지 않기 위해서는 약하고 소외받는 이웃들에게 사랑을 실천해야 합니다.

아브라함이 "너희와 우리 사이에 큰 구렁이 끼어 있어 여기서 너희에게 건너가고자 하되 할 수 없고 거기서 우리에게 건너 올 수도 없게 했느니라"고 말합니다. 탐욕이 만드는 죄에서 자유로워지세요. 아브라함의 선포는 이 세상을 살아가는 우리에게는 엄중한 '경고'입니다. 자신을 사랑하는 것은 죄가 아니지만, 지나치면 병이 됩니다.

'살면서 죄만 짓지 않으면 된다'라는 안일한 기대를 품지 맙시다. 미루고 미루다가 선을 행할 때를 놓쳐 후회합니다. 나이 들면 더 자기중심적으로 되고, 자기 사랑에 집착하여 가까운 주변도 보이지 않는다고 합니다.

성서를 읽기 바랍니다. 성서를 읽으면 자신이 잘 보입니다. 자신이 잘 보여 자기중심적으로 되지 않습니다. 주변에 보지 못했던 것들이 보이고, 이웃 사랑으로 모든 것이 전환됩니다. 이웃을 사랑하는 것이 나를 사랑하는 것입니다. 이제 무엇이 옳고, 무엇이 그른지 아시겠지요?

당신의 시간은 안녕하십니까

내게 능력 주시는 자 안에서 내가 모든 것을 할 수 있느니라

빌립보서 4:10-14

주일 아침에 시간을 내서 교회에 오는 사람이 있고, 시간이 나서 오는 사람이 있을 것입니다. 시간의 가치는 동일하지 않은 제한된 자원입니다. 오늘 어떤 마음으로 예배드리러 오셨나요? 설마 '아, 오늘은 좀 한가하니 교회나 한번 가 볼까?' 하는 마음은 아니지요.

예수님의 고난을 기념하는 사순절 세 번째 주일입니다. 왜 고난을 기념해야 할까요? 무엇을 신앙이라고 할까요? 종교에서는 자신을 다듬고, 자신을 바로 세우며, 정직하게 규정짓는 것을 신앙이라고 합니다. 신앙은 참 신비합니다.

잘사는 줄 알았던 나의 삶 속에서 주님께서는 죄와 허물을 드러내실 때가 있습니다. 이때가 정화의 때입니다. 죽어야 산다는 것을 깨닫게 되고, 죽을 지경이 된 환경에서는 어떻게 해야 살아날 수 있는지를 알 수 있게 됩니다.

다 내려놓겠다고 고백하신 적이 있나요? 아무것도 포기하지 않고 하늘에 오르겠다며 최선만을 다하셨나요? 종교는 새로운 출발점이

되기도 하고, 마지막 종착점이기도 합니다.

왜 교회가 지독히 욕을 먹는 시대가 되었을까요? 그것은 고난을 기념하지 않고, 종교에 바라고 의지하려는 주술적인 소원들이 우리를 둘러싸고 있기 때문입니다. 교회는 이웃을 사랑하고 칭찬하는 곳이지, 사회로부터 칭찬받으려는 곳이 아닙니다. 축복과 칭찬만을 원하면 그 종교는 가짜가 됩니다.

예수님처럼 살면 칭찬받을 수 있을까요? 어림없는 소리입니다. 칭찬을 우선으로 추구하면 결코 이 시대의 아픔을 짊어질 수 없습니다. 교회는 이 사회의 온갖 더러움을 받아들여 정화하는 곳입니다. 교회가 정화조로 살아야 세상이 조금이나마 깨끗해집니다. 삶에 하수구가 없으면 흐르는 깨끗한 물도 받을 수 없습니다.

그리스도인들이 하수를 더럽다고 거부하면, 또 교회가 정화조의 역할을 하지 못하면 가증스러운 집단일 뿐입니다. 스스로를 높여서 고상해지고자 하여 가증스럽게 되는 것입니다.

"예수님은 병들고, 약하고, 어렵고, 힘든 이들과 함께하셨고, 창녀와 세리들의 친구였다"고 하면서 교회가 그들을 거부하고 정죄하여 너무나 깨끗하고 세련되어 보인다면 이미 가증스럽게 된 것입니다. 누구에게나 인정받고 칭찬받는 곳이라면 제 소임을 다하지 못하는 싸구려 집단이 됩니다. 예수님처럼 때로는 오해받고, 손가락질도 받는 삶을 선택해야 합니다. 더러운 하수가 변해 비로 내리면 더없이 깨끗한 물이 됩니다. 이것이 주님께서 하신 일이며, 우리에게 보여 주신 부활입니다.

우리도 주님을 본받아 소임이 다하는 날, 죽어서 산자가 되고, 죽을 지경이 된 환경에서 부활하게 됩니다. 성서는 "내가 주 안에서 크게 기뻐함은 너희가 나를 생각하던 것이 이제 다시 싹이 남이니 너희가 또한 이를 위하여 생각은 했으나 기회가 없었느니라"고 했습니다. 이제 기회를 만듭시다.

자신의 이익을 위해서라면 거짓을 쉽게 이야기합니다. 큰 소리로 맹세하기도 하니 악한 길에서 돌아설 수 있도록 주님께 자비를 청합시다. 땅을 만나면 땅의 사람이 되고, 하늘을 만나면 하늘의 사람이 되는 것입니다. 우리가 예수님을 만났으니 어떤 사람이 되어야 할까요? 예수님을 닮은 사람이 되어야 합니다. 그래야 우리가 고난도 받아들여서 후일에 그 고난이 기념되는 것입니다.

바울은 "내가 궁핍함으로 말하는 것이 아니라 어떠한 형편에든지 내가 자족하기를 배웠노니 내가 비천에 처할 줄도 알고 풍부에 처할 줄도 알아 모든 일에 배부르며 배고픔과 풍부와 궁핍에도 일체의 비결을 배웠노라"고 했습니다. 이 말씀 바로 뒤에 이 구절이 나옵니다. "너희가 내 괴로움에 함께 참예하였으니 잘하였도다."

신앙이 있어도 그 신앙이 얕으면, 자신이 맞이한 상황에 흔들려 잘못된 선택을 하게 됩니다. 우리가 괴로움에 함께 참여하면 그 뒤엔 칭찬도 함께 따라온다는 확신을 가집시다. 박윤선 목사는 "깨닫지 못한 미련한 성품은 신앙적 관념이 잘못될 때 따라오는 필연의 결과다"라고 했습니다.

사람은 무엇을 섬기든 섬기는 것의 종이 됩니다. 그래서 물질의 종이 되기도 합니다. 종은 자유가 없고, 자신의 소유도 없는 예속된 자입니다.

그리스도인들은 무엇을 섬겨야 합니까? 사람들은 흔히 자기 양심대로 산다고 하면, 자기 행위가 자동으로 옳은 것으로 착각합니다. 과연 나의 양심은 오류가 없을까요? 무엇을 따르고 있는가에 따라 양심도 달라집니다.

〈국민사형투표〉라는 드라마에 "인간은 공동의 죄를 저질렀을 때, 그 재미를 결코 잊지 못한다"라는 대사가 나옵니다. 그리스도인들은 공동의 죄를 경계하고, 돈이 주인 된 세상이라고 하지 맙시다. 우리는 말할 것 없이 하느님을 섬기는 사람들입니다.

멸망받을 수밖에 없었던 사람들을 위해 스스로 고난을 짊어지신 예수님을 바라봅시다. 그분의 고난을 기념하고 우리를 속죄해 주신 주님께 나아갑시다.

두렵고 떨리지 않는 사람은 없습니다. 우리는 몇 명 되지 않는 우리 교회의 교우들 앞에 서는 것도 떨리는 사람들입니다. 예수님도 담대하지 못하여 두렵고 떨려 기도하셨습니다. 두렵고 떨린다는 것은 약해서 그런 것이 아닙니다. 하느님을 경외하는 마음과 자신의 연약함을 아는 겸허한 마음입니다. 그래서 우리도 예수님처럼 기도하면 신앙은 복음적이고 생명적인 것이라 하느님의 섭리와 능력이 우리를 통해 나타날 것입니다.

당신의 시간은 안녕하십니까? 사순 절기를 어떻게 보낼지 고민하지 맙시다. 주님은 "두려워 말라 내가 너를 구속하였고 내가 너를 지명하여 불렀나니 너는 내 것이라"고 하셨습니다.

서로에게 힘이 되는 교우 여러분, 오늘 우리가 새로운 용기를 공급받아서 고난을 두려워하지 않는 승리의 생애를 엮어 다시 한번 하느님의 자녀임을 확인합시다.

특별한 간섭

또 여러 말로 확증하며 권하여 가로되 너희가 이 패역한 세대에서 구원을 받으라 하니 그 말을 받는 사람들은 세례를 받으매 이 날에 제자의 수가 삼천이나 더하더라 **사도행전 2:37-42**

교회는 날마다 성장해야 합니다. 성장하지 않는 교회는 무엇이 문제인지 진단해야 합니다. 성장을 이야기하면 양적 성장에 국한하여 교인들의 숫자에 관심을 가집니다. 물론 성서에 베드로를 통해 "제자의 수가 삼천이나 더하더라" 또는 "사람들 중에 믿는 자가 많으니 남자의 수가 약 오천이나 되었더라"고 합니다. 한 교회에 모인 숫자를 이야기하는 것이 아닙니다.

그런데 교회들은 경쟁적으로 "우리 교회 교인 수가 몇 명이야"라고 자신의 교회에만 관심을 둡니다. 교회는 질적으로 성장해야 합니다. 신앙의 내적 성장이 없는 교회는 노인정과 같은 친목이 주류를 이룰 수밖에 없습니다. 어린아이 같은 신앙이 어른스럽게 자라는 것이 교회의 성장입니다.

오래전 제가 다녔던 교회에서 총동원 주일에 만 명이 넘게 모여 모두가 놀라며 소문이 자자해졌습니다. 그런데 다음 주일에 그 많던 사람이 어디론가 사라졌고, 몇 주 만에 원래의 교인 숫자로 되돌아왔습니다. 하지만 사람들의 마음은 언제나 만 명이 모이는 교회로 스스로 오해하고 있었습니다.

어머니 태에서 자란 아이는 점점 성장하게 되어 있습니다. 저희 형제가 사 남매인데 성장한다고 8명, 16명이 되진 않습니다. 성장하면서 부모를 알아보고, 친구를 알아보고, 선생님을 알아보고, 그다음에 내가 무엇을 해야 할 것인지 알게 되는 게 성장입니다.

문화적 상황에 적응하며 성장해야 합니다. 예수님께서 지상명령을 하시는 중에 모든 족속에게 가서 가르치고 제자 삼는 것을 말씀하셨습니다. 모든 족속은 각기 다른 문화로 살아왔기 때문에 모든 민족이 함께할 수 있는 기독 문화를 성장시켜야 합니다.

너는 나와 다르기에 '예수 천당, 불신 지옥'만을 외치면 예수님이 오히려 외면당할 수 있습니다. 문화적 성장은 곧 질적 성장입니다. 문화적 성장이 삐뚤어지면 잘못된 믿음으로 전락하게 됩니다. 그러므로 질적 성장과 함께 문화적 성장이 일어나야 합니다. 이때 양적 성장은 자연스럽게 이루어지게 됩니다.

교회가 바라는 이상적 성장은 조화된 성장을 의미합니다. 진정한 의미에서의 교회 부흥은 교회가 사회에 모범이 되고 비그리스도인들조차 교회를 비방하지 않고 인정하는 것입니다.

초대 교회의 행적을 배워야 합니다. 사도행전은 그리스도인의 삶의 모습이 담긴 행적에 관한 책입니다. 사도행전의 키워드는 '예수, 성령, 증인'입니다.

"오직 성령이 너희에게 임하시면 너희가 권능을 받고 예루살렘과 온 유대와 사마리아 땅 끝까지 이르러 내 증인이 되리라."

증인이란 예수님과 그분의 복음을 증언하는 사람입니다. 예수님을 따르지 않는 바리새파와 사두개파의 박해에도 증인들의 열심에 의해 그들을 따르는 수가 열두 명에서 백이십 명, 삼천 명, 오천 명으로 증가해 갔습니다.

초대 교회의 성장에는 성령의 역사가 있었습니다. 예수님을 따르는 무리가 성령 체험을 하고 담대한 모습으로 증인이 된 것입니다.

저는 성령 체험을 하느님의 간섭이라고 부릅니다. 성령의 역사는 가만히 있는 사람에게 나타나지 않습니다. 뜨거운 심령을 가지고 증인으로 나서서 예수 그리스도를 알리려는 사람들에게 신비로운 손길이 나타나는 것입니다. 그들은 목사나 장로, 집사와 같은 직분자들이 아니라 모두 평신도였습니다. 평범한 그들이 성령을 받고 예수 그리스도를 알게 해주는 증인이 되었습니다.

복음은 교회를 찾아오는 사람들에게만 알리는 것이 아닙니다. 기다리는 사람이 아니라 삶의 현장에서 전하는 사람이 되어야 합니다. 우리의 간절한 모습에서 나를 아는 사람들이 먼저 변화되어야 합니다.

우리는 우선 예수님을 만나야 합니다. 내가 먼저 예수님을 만나지 않으면 증인이 될 수 없습니다. 하느님께 나를 간섭해 달라고 기도하십시오. 하느님께서는 분명히 우리를 간섭하실 것입니다. 이것이 성령 체험입니다. 사순절 기간입니다. 예수님과 더욱 가까운 한 주가 되길 강복합니다.

그리스도 예수 안에서 푯대를 향하여

푯대를 향하여 그리스도 예수 안에서 하느님이 위에서 부르신
부름의 상을 위하여 좇아가노라
빌립보서 3:14

사랑은 내 마음 안을 가득 채우는 게 아니라 실행되어 봄비처럼 하늘에서 떨어져 내려야 합니다. 싹을 틔울 수 없는 사랑이라면 사랑이라 부를 수 없습니다. 예수님께서 가르쳐 주신 사랑을 이해하지 못하여, 어쩌면 실행이 부족해 우리의 신앙은 봄이라 부르며 땅으로 솟아오르기에는 아직도 너무 여린 것 같습니다.

봄이 오는 소리는 겨우내 얼어 있던 계곡의 작은 옹달샘에서 시작됩니다. 우리가 사순절을 기념하고 예수님의 마음을 닮기 원한다면 작은 심장에서부터 따뜻한 사랑이 녹아져 봄비처럼 흘러나와야 합니다.

서툰 봄의 몸짓을 보면 완벽하지 않습니다. 봄단장은 추운 계절을 거쳐 많은 시간이 소요하여 치장되는 것처럼, 주님의 사랑을 실행하는 것도 우리가 완벽하게 모든 걸 이룬 뒤에 행해지는 것이 아니라 많은 도전과 반복을 통해 이루어 내는 것입니다.

불꽃의 그림자를 본 적이 있나요? 불꽃은 그림자가 없을까요? 정

태길 박사는 불꽃은 빛과 움직임의 속삭임 속에 숨겨져 있다고 했습니다. 기체 반응이라서 잘 보이지 않지만, 불꽃 자체의 강렬하고 불규칙한 빛으로 눈에 잘 띄지 않아 보이지 않습니다. 불꽃은 끊임없이 움직이며 변화하기 때문에 그림자가 안정적으로 형성되지 않고 흐릿하여 보이지 않습니다. 예수님의 사랑은 어찌 보면 불꽃같아서 우리가 보지 못하고 그냥 지나칠 수 있습니다.

우리가 해야 하는 일은 오직 한 가지입니다. 뒤에 있는 것은 생각하지 말고, 앞에 있는 것을 향해 몸을 내밀면서, 그리스도 예수 안에서, 하느님께서 위로부터 부르신 그 부르심을 듣고 목표를 바라보고 달려가는 것입니다.

어린 시절 '믿음의 경주'라는 제목의 설교를 자주 들으며 신앙생활에서도 '1등'을 해야 한다고 생각할 때가 많았습니다. 그래서 남보다 더 많이 기도해야 했고, 성서를 더 많이 읽으며, 더 많이 헌신하려다 보니 몸과 마음이 분주했습니다. 그런데 왜 어른이 되어서는 어릴 때보다 못한 상황이 되었을까 생각해 봅니다. 나도 모르는 사이 목표가 달라졌기 때문입니다.

가장 작은 자, 가장 연약한 이웃을 먼저 사랑하고, 언제나 남보다 낮아지라고 가르치신 예수님의 말씀이 아니라 신앙보다 다른 것들에서 일등 하려는 주위 환경과 자신의 다그침 때문입니다.

소설가 박완서는 《꼴찌에게 보내는 갈채》에서 일등 선수가 결승점을 통과한 지 한참 뒤에 자기 앞을 지나가는 한 마라토너의 달리기를 다음과 같이 묘사하며 열렬히 응원합니다.

나는 그런 표정을 생전 처음 보는 것처럼 느꼈다. 여태껏 그렇게 정직하게 고통스러운 얼굴을, 그렇게 정직하게 고독한 얼굴을 본 적이 없다. 가슴이 뭉클하더니 심하게 두근거렸다. 그는 이십 등, 삼십 등을 초월해서 위대해 보였다. 지금 모든 환호와 영광은 우승자에게 있고 그는 환호 없이 달릴 수 있기에 위대해 보였다.

일등이 아니라 다만 목표를 향해, 최고가 아닌 나의 최선으로, 환호 없이도 포기하지 않고 기쁘게 달려가는 것, 이것이 예수님께서 알려 주신 참된 신앙의 달리기가 아닐까 합니다. 우리의 삶이 봄비가 내려야 할 곳에 봄눈으로 내리지 않도록 기도합시다.

시대가 많이 바뀌어 현대는 가치의 시대가 아니라 다양성의 시대가 되었습니다. 다양성의 시대에서 차별을 금지하고 최악이냐, 차악이냐를 결정하는 것이 아니라 먼저 예수님의 가르침을 올바로 이해하고 항상 최선을 찾아야 합니다. 그러지 않으면 선택한 차악이 더 깊은 수렁으로 빠져 생각지도 못한 삼악을 맞이하게 됩니다.

사랑을 실천할 때는 완전해야 하는 것이 아니라 진실해야 합니다. 마음이 얼어붙어 진실하지 못하면 속히 얼어붙은 마음을 녹일 따뜻한 회개의 눈물이 먼저입니다.

무엇이 우선입니까? 남북의 평화입니까? 민주사회로 회복되는 길입니까? 가정의 화목입니까? 먼저 우리가 있는 곳에서 예수님께서 가르쳐 주신 사랑을 실행하면 하느님께서 우리의 기도를 들어 화평케 될 것입니다.

음식의 맛을 내는 소금도 녹아야 맛을 낼 수 있습니다. 그러나 감당해야 할 이상을 넘어가면 그 소금으로 말미암아 음식을 버리게 됩니다. 그리스도인으로 변화되어 이웃을 위해 봉사와 희생을 할 때도 무조건 많이 한다고 '선'이 되지 않습니다. 변화되어 다른 사람들을 위해 맛을 낸다는 것은 몹시 어렵습니다. 이웃에게 불편을 주면서 인내와 희생이라고 하지 맙시다. 교회의 성장을 자랑하면서 이웃의 아픔을 외면하여 맛을 잃어버린 소금이 됩니다. 이웃이 원하는 소금의 맛을 잃어버리면, 우리의 자랑이 무슨 소용이겠습니까? 결국 쓸모없이 버려질 수밖에 없습니다.

익숙함에서 오는 편향은 우리의 모습을 오해하여 더 매력적으로 느끼게 합니다. 성서는 푯대를 향하여 예수 그리스도 안에서 하느님이 위에서 부르신 부름의 상을 좇아가라고 했습니다. 우리의 매력은 우리 스스로 느끼는 게 아니라 하느님의 상을 받음으로 이웃으로부터 인정받는 것입니다.

주님은 누구에게 상을 주실까요? 주님은 이렇게 훌륭한 사람도, 저렇게 위대한 사람도 아닌 그리스도 예수 안에서 푯대의 방향을 좇아가는 사람에게 상을 주십니다.

예수 그리스도를 내 편으로 만들려고 하지 말고, 스스로가 주님의 편이 되어 그분을 좇아가길 바랍니다. 그리하면 따로 상 받을 필요가 없습니다. 깊어진 사순절 다섯째 주간도 주님의 편이 되어 은혜롭길 강복하며 '주님만 찬양해'라는 제 시로 기도합니다.

주님 내가 여기에 이제 왔으니 내 눈 뜨게 하소서
주님 항상 내 곁에 살아 계심을 어둔 눈으로 볼 수 없습니다

쓰러진 날 일으켜 세우시고서 눈물로 기도하시던
주님 사랑 눈물로 알았습니다
무릎 꿇고 기도하오니
이제 우리 진실한 간구를 들어주시고
우리 찬양을 들으사 기뻐 받으옵소서
이제부터 영원까지 주님만 찬양합니다.

구체적인 신앙 결단을 내리자

> 지금 내 마음이 민망하니 무슨 말을 하리요 아버지여 나를 구원하여 이 때를 면하게 하여 주옵소서 그러나 내가 이를 위하여 이 때에 왔나이다
>
> **요한복음 12:27**

정주리 감독의 〈다음 소희〉라는 영화를 보셨나요? 고등학생 3학년 '소희'가 현장 실습을 나가면서 겪게 되는 사건을 소재로 한 영화입니다. 이 영화의 모티브는 전주에서 일어난 콜센터 현장 실습생 사건입니다.

이 영화를 통해 우리가 진정으로 정의롭기 원한다면 불평등의 체제를 합리화하고 정당화하는 대신에 상생의 생명 경제를 위해 결단해야 하고, 가난한 사람들을 희생 제물로 바치며 자본의 신 앞에 절하는 대신에 인간의 존엄을 모든 사회구조와 일상의 삶 속에 구체화하는 평등한 생명 세상을 위해 모두가 협력하는 결단이 필요하다고 느꼈습니다. 특히 "막을 수 있었잖아, 근데 왜 보고만 있었어?"라고 외치던 형사 '유진'의 일침은 잊히지 않습니다.

십자가의 죽음 앞에서 심히 괴로웠음에도 불구하고 결단하신 예수 그리스도의 마음에 대해 생각해 볼 수 있는 영화였습니다.

우리의 신앙에서 구체적으로 결단하는 사순 절기가 됩시다. 요한

복음에서 예수님은 "너희가 나를 알고 내가 어디서 온 것도 알거니와 내가 스스로 온 것이 아니로라"고 하셨습니다. 그렇습니다. 우리는 예수님께서 어디로부터 왜 세상에 오셨음을 알고 있습니다. 그분은 처음부터 강한 사람이 아니었습니다. 요한복음 12장에서 "지금 내 마음이 민망하니 무슨 말을 하리요. 아버지여 나를 구원하여 이 때를 면하게 하여 주옵소서. 그러나 내가 이를 위하여 이 때에 왔나이다"라고 결단한 이후의 삶에 주목해야 합니다.

기독교 전통에서 고난과 부활은 하느님의 역사 개입의 과정입니다. 그리스도인들은 예수 그리스도의 삶이 지닌 의미와 가치를 지금 여기 우리의 삶 자리에서 구현될 수 있는 간절함이 있어야 합니다.

사순절은 하느님의 때를 성찰하며, 회개와 갱신을 통한 증언의 자리로 나아가는 영적 순례와 신앙적 결단의 시기입니다. 이 기간에 우리는 고난의 잔을 앞에 두고 예수님을 만나야 합니다.

하느님께서 원하시는 열매를 맺기 위해 땅에 떨어져 죽어야 하는 한 알의 밀과 같은 자신의 운명 앞에 괴로움을 토로했던 예수님을 보아야 합니다.

용기를 잃지 맙시다. 주님은 지금 우리를 수난받는 사랑으로 보듬어 주십니다. 역사 속에서 위기는 매번 반복되어 왔지만, 정의 상실과 인간성 파괴의 위기를 고조하는 권력의 위기는 지금이 그 어느 때보다 생명의 근간을 위협하고 있습니다.

기독교 신앙의 중심 내용은 역사적 증거에 의해 지지되거나 반박되어서는 안 됩니다. 그러나 사람들은 현재 우리의 경험에 맞아떨어지는 것들만을 역사적으로 실재하는 것으로 간주합니다.

그리스도인들이 진정으로 오늘의 살림과 미래 세대의 지속 가능성을 염려한다면 자신의 녹슨 곳간을 비우고 나눠야 합니다. 몸이 곧으면 그림자는 휘어지지 않습니다.

신앙을 가진 사람들은 실패하여 넘어져도 분명히 삶에 희망을 주는 믿음으로 다시 일어날 힘과 용기가 있습니다. 이 믿음은 어려움이 올 때 낙심부터 하는 것이 아니라 문제를 해결하려는 방법을 찾게 합니다.

환난은 위협받는 것을 의미하고, 미약은 용기 잃는 것을 의미합니다. 환난으로 미약해지면 고통과 슬픔을 인정하는 결과를 초래하므로 이를 극복하기 위해 인위적인 수단과 방법을 쓰게 되는 어리석음을 범하게 됩니다.

주변과 이웃을 보면 어려움 없이 살아온 사람은 없습니다. 무지와 미련으로 어려움에서 빠져나올 수 없다면 어떻게 해야 할까요? 희망을 주는 것을 붙잡아야 합니다. 솔로몬은 "대저 의인은 일곱 번 넘어질지라도 다시 일어나려니와"라고 했습니다. 성서에서 의는 하느님을 아는 것이라고 했으니 믿음의 삶을 견지하기 바랍니다. 힘의 근원이신 하느님을 피난처로 삼고 믿음으로 지혜를 간구하기 바랍니다.

다윗은 "저는 넘어지나 아주 엎드려지지 아니함은 여호와께서 손으로 붙드심이로다"라고 고백했습니다. 환난이 와도 부끄러워하지 말고 용기를 가집시다. 승리는 결코 쉬운 것이 아닙니다. 그렇다고 불가능하지도 않습니다. 예수님이 세상을 이기신 것처럼 바른 신앙의 확신과 소망으로 이겨냅시다. 예수님의 고난을 보고만 있지 맙시다. 주님을 생각하며 시를 적었습니다.

임의 마지막 시간

그리움 하나 머물러 있는가?
그리움 사무치다 십자가 부둥켜안은 이가 있다
모두가 떠난 그날 오후 홀로 면류관 쓰고 목이 마르단다

비라도 내렸음 좋았을까?
바람이 목 놓아 조급히 구름을 부르고
검은 산 그림자 가득 몰린 어둠 속 우레가 그의 얼굴을 비춘다

하늘로 그가 돌아가니 발가숭이 몸만 남는다
온몸이 빨갛게 물드는 날이라
외로워 말라 가슴 적셔 찬미 접어 띄운다

어디쯤 머물러 이야기해야 하나
가슴 죄며 엮어 본향 집을 향해 기도하니
땅과 하늘 사이에 메아리가 맴돈다

아무것도 알지 못하는 저들을 용서하라고…

몸에 물이 부족하면 만병의 원인이 된다고 합니다. 치매 또한 나

이 들어서 생기는 병이 아니라 물을 잘 마시지 않아 생기는 병 중 하나입니다. 몸은 물이 부족하면 물이 없어도 살 수 있는 부분부터 물 공급을 줄여 갑니다.

우리 몸에서 어디가 제일 먼저 피해를 볼까요? 피부가 제일 먼저 노화되고 장기에 물이 부족해지기 시작하여 여기저기 아프다가 최종적으로 뇌에 물 공급이 원활하게 되지 않는다고 합니다.

신앙도 그렇습니다. 주님께서 받아 마시라고 하신 생수를 마다하면 신앙에도 치매가 생겨 내 생명의 근원이 말라 어디에서 시작되었는지 잊어버리게 됩니다. 몸에 수분이 빠져나가 양자 파동이 없으면 사망하듯 신앙도 말씀이 내 안에 축적되지 않으면 사망합니다.

무엇으로 어떻게 살아야겠습니까? 매일 마시는 물처럼 기도하는 습관을 들여 환난과 시험을 두려워하지 않고 구체적인 신앙 결단을 보여 줍시다.

깨닫지 못하는 믿음

예수께서 경계하여 가라사대 삼가 바리새인들의 누룩과 헤롯의
누룩을 주의하라 하신대
마가복음 8:14–21

《난장이가 쏘아올린 작은 공》의 작가 조세희는 "천국에 사는 사람들
은 지옥을 생각할 필요가 없다. 그러나 우리 다섯 식구는 지옥에 살
면서 천국을 생각했다. 단 하루라도 천국을 생각해 보지 않은 날이
없다. 하루하루의 생활이 지겨웠기 때문이다. 우리의 생활은 전쟁과
같았다. 우리는 그 전쟁에서 날마다 지기만 했다"라고 했습니다. 또
그는 "아버지가 꿈꾼 세상은 모두에게 할 일을 주고, 일한 대가로 먹
고 입고, 누구나 다 자식을 공부시키며 이웃을 사랑하는 세계였다.
그 세계의 지배 계층은 호화로운 생활을 하지 않을 것이라고 아버지
는 말했었다. 인간이 갖는 고통에 대해 그들도 알 권리가 있기 때문
이라는 것이었다"라고 했습니다.

　이 글을 읽고 바리새인들의 누룩을 조심하라고 하신 예수님의 말
씀을 다시 보게 되었습니다. 우리는 오늘을 살아야 합니다. 어제나
내일의 실상이 오늘 안에 있기 때문입니다. 지금 여기에서 집중이
흩어지면 우울하거나 불안한 마음으로 살게 될 것입니다. 자신을 실

의에 빠지게 하는 건 단순한 순간이 아닙니다. 나 자신이 할 수 있는 일생의 많은 시간을 잃어버리는 것입니다.

일 년에 아무것도 할 수 없는 날이 이틀 있는데 그날은 어제와 내일입니다. 천국은 내일 오지 않습니다. 이상이 천국이 아니라 일상이 하느님 나라임을 잊지 말아야 합니다. 오늘이 우울하다면 어제에 살고 있는 것이고, 만약 불안하다면 내일에 살고 있는 것입니다.

우리는 어디에 있든 무엇을 하든 행복할 수 있습니다. 부모가 있는 자녀는 자신을 사랑하는 부모를 믿기 때문에 끼니를 걱정하지 않습니다. 그런데 일상의 평범함 마저 걱정하고 산다면, 그 모습을 바라보는 부모의 마음이 어떨까요? 중요한 사실은 부모가 자녀에게 밥을 챙겨 주는 것은 밥 자체가 궁극적인 목표가 아닙니다. 자녀가 건강하게 잘 성장하기를 바라는 마음입니다.

성장하는 동안 많은 것을 배우고 익히며 마음과 생각까지 자라서 목표하는 바를 이루고, 행복한 사람이 되기를 바라기에 양식을 주는 것입니다.

'밥걱정'이 전부인 자녀는 이런 것에 관심을 둘 여유가 없습니다. 먼저 밥부터 달라고 할 것입니다. 이런 실랑이는 하느님과 우리 사이에서 끊임없이 일어나고 있습니다. 예수님께서 굶주린 백성을 배불리 먹이신 이유는 그들을 먹이시는 것 자체가 목적이 아닙니다. 기적을 통해 배불리 먹은 사람들이 기적의 의미와 뜻을 깨달아 더 깊고 단단한 믿음을 지니기를 바라신 것입니다.

성서에 보면 제자들이 "서로 의논하기를 이는 우리에게 떡이 없음이로다"라고 걱정합니다. 예수님의 기적으로 떡을 배불리 먹게 된

군중의 열광적인 반응에 고무되었을 뿐, 무엇이 그리고 누가 자기들을 진정 배부르게 하는지 그 근원적인 힘에 대해 알지 못했습니다.

보리떡 다섯 개와 물고기 두 마리로 오천 명을 먹이고, 떡 일곱 개로 사천 명을 먹였어도 깨닫지 못했습니다. 예수님께서 바리새인과 헤롯의 누룩을 주의하라며 '누룩의 비유'를 통해 떡의 기적이 갖는 의미를 알려 주셨지만, 제자들은 예수님 앞에서 떡이 없다며 걱정만 합니다.

분명히 배에는 떡이 하나 있었다고 성서에 기록되어 있습니다. 이 떡은 제자들이 생각하는 물질적인 것이 아니라 구원을 받기 위해 필요한 오직 '하나'입니다. 그 하나는 바로 예수님이시며, 이 하나의 떡만 있으면 세상 전부를 갖게 되는 것입니다. 이 떡은 주님께서 우리에게 먹으라고 내주신 자신의 몸이자 구원으로 이끄시는 그분의 말씀, 즉 '생명의 떡'입니다.

교리가 중요한 것이 아니라 말씀이 중요합니다. 예수님께서는 제자들에게 "아직도 알지 못하며 깨닫지 못하느냐? 너희 마음이 둔하냐?"고 말씀하셨습니다. 생명이신 분과 함께 배에 올랐는데 제자들은 왜 근심하고 불안에 떨었을까요?

말씀의 기준이 중요합니다. 바울은 "너희는 믿음 안에 있는가 너희 자신을 시험하고 너희 자신을 확증하라"고 했습니다. 주님께서 베풀어 주신 은총과 충만하게 누렸던 감사의 기억을 잊어버렸기 때문입니다. 쉽게 잊어버리고 당장 급하지도 않은데, 실제로 일어날지도 모른다는 '현실의 근심'에 사로잡혀 자신을 확증하지 못하기 때문입니다.

세상 것들을 걱정하지 않으면 당장 큰일이라도 나는 것처럼 난리를 떠는 사람들은 자신 안에 성령이 있는지 확인해 보아야 합니다. 재물을 최고로 여기는 바리새인들의 마음가짐에, 세속적인 것에, 지나치게 집착하는 헤롯의 마음가짐에 물들지 않도록 끊임없이 자신을 돌아봅시다.

성령으로 시작한 사람이라도 육체로 마치는 사람들이 너무 많습니다. 성령이 내게서 언제든지 떠날 수 있습니다. 참된 행복과 구원으로부터 자신을 떼어놓지 않으려면 자신을 확증해야 합니다.

예수님은 옳고 그름과 선악을 판단하시는 분이기에 우리 스스로 결단해야 합니다. 다 함께 주님의 말씀을 따라 봉독하겠습니다.

"가라사대 아직도 깨닫지 못하느냐?"

신앙은 비현실적이거나 실현될 가망이 없는 것이 아닙니다. 복음에 따라 순종하는 신앙생활을 해야 합니다. 이 신앙의 행위 여하는 듣는 자의 선택입니다.

종려 주일

접시꽃 같은 여신도회

예수께서 예루살렘에 들어가시니 온 성이 소동하여 가로되 이는 누구뇨 하거늘

마태복음 21:9-11

각각의 꽃은 미감을 품고 있어서 장미가 제아무리 꽃의 여왕이라 해도 장미의 향과 아름다움을 흉내 내지 않습니다. 작은 문화라도 흥하면 쏠림 현상이 두드러지는 사람들의 세상과 온전히 다릅니다.

초록의 여름 열기가 차오르면 접시꽃이 피기 시작합니다. 접시꽃은 심은 지 2년째 되는 해에 꽃이 피는데 둥글고 넓은 접시 모양입니다. 이 꽃의 이름은 동의보감에 '일일화'라고 소개되어 있는데 뿌리, 줄기, 잎, 씨앗, 꽃에 이르기까지 해로움이 없다고 합니다. 근래에 와서 꽃의 모양을 따서 접시꽃이라 부르고 있습니다. 풍요를 뜻하는 꽃말은 교회에서 어느 기관보다도 봉사가 실천적인 여신도회와 비유됩니다.

시인 도종환은 접시꽃 같은 아내를 생각하며 '접시꽃 당신'이라는 시를 지었습니다. 줄 수 있는 날들이 짧아진 것을 아파하는 시인의 마지막 구절은 "나는 당신의 손을 잡고 당신 곁에 영원히 있습니다"로 아내에 대한 그리움이 물씬합니다.

신앙인으로 주님을 향한 그리움은 어떠한가요? 교회 밖에서는 이

제 교회가 고인 물 같아서 썩어 간다고 합니다. 그런데 정확하게 말하면 썩은 물은, 물에 담긴 '물이 아닌 것'이 썩는 것이지 물이 썩는 게 아닙니다. 즉 교회가 병들어가는 게 아니라 그리스도인들이 교회를 욕되게 하는 것입니다.

오늘은 예수님께서 예루살렘으로 입성하신 날을 기념하는 종려주일입니다. 호산나! 호산나! 외치다가 순식간에 죽이라고 변해 버린 민중을 기억합시다. 혹시 나는 괜찮다고 생각하면서 한국 교회를 비판하고, 몇몇 엇나간 교회와 사역자들을 싸잡아 비난하지 않았나요?

무엇보다도 자신을 향한 변화의 요청이 먼저 일어나야 합니다. 우울한 사람은 과거에 살고, 불안한 사람은 미래에 살고, 평온한 사람은 현재에 산다고 했습니다.

오늘 마음은 어떠한가요? 아침엔 환한 웃음으로, 낮에는 활기찬 열정으로 열어야 평온한 저녁을 맞이할 수 있습니다. 우리가 걷는 길은 혼자 걷는 게 아니라 늘 성령께서 함께하심을 기억하십시오.

노래를 잘하는 가수는 부르는 대상이 있다고 합니다. 부르는 대상에 따라 노래가 달라집니다. 대상 없이 혼자 부르는 노래는 모방일 뿐 영혼이 없는 노래이기에 감정 전달이 되지 않습니다.

신앙은 무엇일까요? 어떤 대상이 있고, 마음을 열어 주는 약속된 매체입니다. 믿고 따르는 그분에게 마음을 전달해 주지 못한다면 그 신앙은 쓸모없습니다. 나의 진실이 쉽게 변하고 전달할 수 없는 신앙이라면 헛된 것입니다.

온갖 미사여구로 예수님께 진실을 전달할 수 있을까요? 말을 해도 진실이 아니라서 전달되지 않고, 오해만 불러일으킨다면 지금까지의 신앙은 이미 의미가 없습니다. 신앙이 교만의 도구가 되어서는 안 됩니다. 우리의 사상과 이념, 노력과 교육보다 주님의 관점에 따라야, 성령이 임해야 완성되는 것입니다.

고백이 없는 신앙으로 흐르는 삶은 그만 흘러야 합니다. 이제 성령과 함께 거슬러 올라갑시다. 타인의 기도에 의해 밀려 흐르는 것은 떠내려가는 것입니다. 나 자신의 신앙을 산란해야 합니다. 산란하지 않으면 멸종하게 됩니다.

마리아가 옥합을 깨뜨려 그 향유를 주님 발 앞에 붓고 머리로 씻음같이 여신도회 주일을 맞이하여 우리의 신앙도 진실한 마음으로 다가서야 합니다. 우리의 삶이 나와 가족만의 안일과 행복만을 추구한다면 이제는 변해야 합니다. 여신도회는 접시꽃처럼 아름답습니다. 이 아름다움에 겸허히 자신을 돌아보기까지 한다면 주님께서 얼마나 감동하실까요?

고난 주간에 예루살렘에 입성한 예수 그리스도를 또다시 십자가에 매달리게 하는 실수를 범하지 맙시다.

부활절

나의 돌문을 열자

빌라도가 가로되 너희에게 파숫군이 있으니 가서 힘대로 굳게
하라 하거늘 저희가 파숫군과 함께 가서 돌을 인봉하고 무덤을
굳게 하니라   마태복음 27:65-66

부활절을 맞이하여 교우 및 이웃들과 부활의 기쁨을 나눕시다. 서로
에게 부활을 축하합시다. 저는 부활절이 되면 포장된 선물을 뜯는
기분이 듭니다. 이날은 무엇을 하며 살기보다 부활의 기쁨과 함께
무엇을 하지 말아야 할지를 생각합니다.

《목민심서》에 보면 나이가 들면 변하는 게 많다며 예를 듭니다.
우선 머리가 하얗게 되는 것은, 멀리서도 나이 든 사람인 것을 알아
보기 위한 배려이며, 이가 시리기 시작하는 것은 소화불량을 막기
위함이고, 노안이 오는 것은 필요 없는 작은 것들은 보지 말고 필요
한 것만 보라는 의미라는 등 여러 가지 변화를 긍정적으로 기록하고
있습니다. 연배에 따라 많은 것이 달라지지만 생각하기 나름입니다.
신앙도 생각에 따라 달라지는 것 같습니다. '신앙'이란 질량의 부피
가 아니어서 계량으로 수치화하고 가치를 절대화할 수 없습니다.

예수님의 부활을 알게 되면 실제적 관점으로 믿음에 다가서게 됩
니다. 부활에 대해 돌문을 열고 나오는 역사적 사실로 이야기하기보

다 믿음의 양태나 현상이 내가 그분과 얼마나 동행하고 있느냐의 문제로 다가서야 합니다.

막혀 있는 나 자신의 돌문을 열 수 있어야 부활을 알게 됩니다. 부활에 대해 예수님과 나의 관계가 조화와 순환 관계의 장성함에 이르러야 합니다. 예수님은 단순한 윤리적 · 도덕적 스승이 아니라 삶을 주관하는 생명의 스승입니다.

삼 년을 동행하던 제자들이 예수님께서 붙잡히자 겁에 질려 도망갔지만, 그분의 부활을 목격한 후에는 목숨으로부터 용감해지기 시작했습니다. 부활의 확신이 나의 마음에 들어오지 않으면 신앙은 아무런 소용이 없습니다. 예수님의 죽음이 나의 죽음이요, 그분의 부활이 나의 부활이 되어야 합니다.

1943년 디트리히 본회퍼Dietrich Bonhoeffer 목사는 히틀러 암살을 모의하다가 게슈타포에 체포되어 프로센부르크에 강제 수용되어 처형당할 때 "이것으로 마지막입니다. 그러나 결코 끝은 아닙니다. 내게는 새 생명이 시작되고 있습니다"라고 했습니다.

신앙에 있어 가장 중심에 있어야 할 것은 신학과 기독론이 아니라 살아 계셔서 나와 함께 계신 인격이신 예수님을 바르게 볼 수 있음입니다. 영생의 관계가 무너지면 모든 것이 파괴되어 무엇을 돌이켜야 하는지 잃어버립니다.

성서는 영생을 아는 자들의 간증입니다. 무엇을 회복해야 하는지를 알려 줍니다. 그것은 단순히 지식과 방법론이 아니라 이루어 내고 증명해 온 역사입니다.

중요한 것은 신학도, 예배 형식도 아닌 부활하신 예수 그리스도

한 분입니다. 죽음은 끝이 아니라 또 다른 삶의 시작이고, 예수님 앞에서는 죽음도 지옥이 될 수 없음을 고백할 수 있어야 합니다. 우리의 신앙은 이것을 증명해 가는 과정입니다.

세상의 어떠한 생명체도 자신만을 위해 생을 살지 않습니다. 관계를 형성하며 함께하기 위해 살아갑니다. 그것을 위한 헌신이 예수 그리스도의 수난과 부활입니다. 그래서 모든 생명체는 주님의 가르침에 주목해야 합니다.

우리는 자기 일을 위해 관계를 파괴하는 경우가 많습니다. 이는 우리가 만들어 가는 사회의 한쪽에 크게 자리 잡아 어떨 때는 나를 위해 예수님을 팔아 버리기도 합니다. 그래서 결국 모든 관계가 허물어지고 예수님의 가르침마저 잠식당하기도 합니다.

예수 그리스도를 믿는 우리는 어떤 과제를 안고 있습니까? 지식적으로 많이 안다고 해서 주님의 뜻을 잘 아는 것이 아닙니다. 부활의 신앙이란 주님이 무엇을 말씀하시는지를 깨달아 이웃을 내 몸과 같이 사랑하는 것입니다.

주님의 부활이 성전 밖에서도 축하되어야 합니다. 우리만의 축제가 아니라 이웃과 소통해야 부활의 진정한 의미를 펼치는 것입니다. 나의 죄만 씻어 주신다는 것은 잘못된 신앙입니다. 우리의 예배는 주님이 기뻐하시는 제사인 동시에 이웃을 향해야 합니다. 부활 예배는 십자가의 복음인데 어찌 나만을 위함이겠습니까? 나가서 주님의 숨어 있는 본뜻을 이웃과 나누어야 합니다.

바울은 "주님은 허물과 죄로 죽었던 너희를 살리셨도다"라고 했습니다. 성서는 읽고 공부하여 지식을 얻는 것이 아니라, 왜 주님께서 고난당하시고 부활하셨는지를 깨달아 말씀을 실천하라는 것입니다.

주님의 자녀가 되었습니까? 그러면 나가서 이웃을 위해 무엇을 해야 할까요? 수박 겉핥기 같은 신앙에서 벗어납시다. 우리의 신앙이 다양한 세상에 사는 사람들이 받아들이기에 편협해져서는 안 됩니다. 주님이 편협하신 게 아니라 내가 편협하게 만드는 것입니다. 마음에서 나오는 말을 하려면 나를 내려놓고 성서를 들어야 합니다. 교만에서 손을 떼고, 걸림돌을 디딤돌로 만들어야 이웃을 내 몸과 같이 사랑하셨던 주님처럼 다음으로 갈 수 있습니다.

'Remember me기억해 줘'라는 찬양 가사를 함께 나눕니다.

우리 주님이 배반당하시던 그 밤에 제자들에게 떡을 떼어 주시면서
말씀하시기를 이것이 너희에게 주는 나의 몸이니 먹으라
이것이 너희를 위해 흘리는 나의 피니 마시라
이를 위하여 언제나 나를 기억하라고 하셨습니다
주님이 부인당하시던 밤에
주님은 머리를 숙이시고 아버지께 간구하셨습니다
가능하시면 이 잔을 내게서 지나가게 하소서
가능하시면 이 고통을 면하게 하소서
아버지 가장 어두운 시간에 있는 저를 기억하십니까?
저를 기억하소서
저의 가장 깊은 의심이 드러나는 밤에 주님 제게 오시니
저는 혼자가 아닙니다

제게 주신 주님의 살과 피를 맛볼 때에
어둠 속 겟세마네의 주님의 기도 들을 때에 비로소 저는 압니다
주님이 저를 기억하실 것을, 저를 기억하소서
오, 주님, 저를 기억하소서.

사람들은 고난을 무서워하고 영광을 좋아합니다. 세상 어디에 고난이 없는 영광이 있겠습니까? 십자가 없는 부활은 없습니다. 부활은 사람들의 죄로 말미암아 골고다에 외롭게 버려진 시간에서 시작되었습니다.

십자가에 매달렸을 때조차도 옆에 매달린 죄인이 비웃고 조롱했습니다. 어차피 죽을 목숨이라 그랬을까요? 하지만 다른 죄인은 조롱하는 사람을 향해 "이분은 죄가 없으시다. 너는 하느님이 두렵지 아니하느냐?"며 그를 꾸짖었습니다.

나는 어떤 사람인가요? 닫혀 있는 나의 돌문을 열어야 합니다. 기독교대한복음교회 3대 감독이자 이사장이었던 지동식 목사는 《지동식의 신학과 사상》에서 "인간이 하느님의 말씀을 이야기할 수 있는 장소는 죽어서 부활하신 예수 그리스도가 계신 곳 외에는 존재하지 않는다"라고 했습니다.

오늘을 사는 나에게 예수 그리스도의 부활이 생동할 때에 말씀이 힘을 갖는다는 의미겠지요. 나의 십자가를 지고 주님을 좇아갈 때 주님의 부활이 나의 부활로 시작될 것입니다.

하나의 선상 線上

이르시되 이같이 그리스도가 고난을 받고 제 삼일에 죽은 자 가운데서 살아날 것과 또 그의 이름으로 죄 사함을 얻게 하는 회개가 예루살렘으로부터 시작하여 모든 족속에게 전파될 것이 기록되었으니 너희는 이 모든 일의 증인이라 **누가복음 24:36-48**

세계에서 가장 큰 나무는 어디에 있을까요? 브라질 리우 피랑기 마을에 있는 캐슈나무가 제일 크다고 합니다. 보통 큰 나무라고 하면 굵기와 높이를 생각하지만, 이 나무는 넓이가 대략 3천 평정도 된다고 합니다.

상상이 되나요? 나무가 워낙 커 무게 때문에 하늘로 뻗지 못하고 가지가 구부러져 땅에 닿으면, 이 가지는 닿은 곳에서 새로운 뿌리를 내린다고 합니다. 1800년대에 심어진 것으로 알려진 이 나무는 죽음과 부활이 마치 하나의 선상에 있는 것처럼 보입니다.

주님의 부활도 죽음과 하나의 선상에서 시작되었습니다. 힘들고 아픈 삶일지라도 낙심하지 마시고 기쁨으로 예배에 참여하기 바랍니다. 하느님의 은총으로 악한 정욕으로부터 벗어나게 하신 부활의 기쁨이 우리와 함께하기를 죽음을 이기신 예수 그리스도의 이름으로 축원합니다.

콩나물시루에 물을 주면 물은 다 흘러내려도 콩나물은 자랍니다. 우리의 삶도 주님의 부활에 감격하고 기도와 찬미의 시간이 끊어지지 않으면, 하루하루는 변화를 느끼지 못해도 시간이 흐르면 절망을 이겨낼 수 있는 신앙이 자라 있을 것입니다.

가슴 뜨거운 곳으로 기우는 게 있습니까? 봄은 가장 낮은 곳으로 기울어 꽃이 다 허물어져도 앙상한 뼈같이 남은 가지에서 새롭게 돋아나는 연두 잎이 나무를 아름답게 감싸 줍니다. 얼마나 아름다운지 가는 발길을 붙들고 관심 깊게 하늘을 보게 합니다.

능력 있는 사람들은 자신의 달란트로 관심을 받고 싶어합니다. 하지만 부단히 노력해도 정작 다른 사람들의 관심을 받기 어려울 뿐 아니라 그들은 신경도 쓰지 않습니다.

그리스도인들이 부활의 신앙을 가졌다 해도 예수님을 따르지 않는 사람들은 부활에 관해 관심이 없습니다. 이웃이 부활에 관심을 갖게 하려면 그리스도인들이 먼저 친절해야 하고, 귀와 눈을 열어 그들의 삶을 관심 있게 보아야 합니다. 친절이 봄볕처럼 따사롭게 서로를 이어줄 것입니다. 이 점을 간과하면 부활하신 예수님을 알리기는커녕 그들과 어울려 지내기도 어렵습니다. 그리스도인들이 이웃과 어울리지 못하면, 뿌리를 내리지 못한 나무가 말라 죽어도 땔감으로도 사용될 수 없는 상황과 비슷해집니다.

우리의 신앙은 뿌리가 말라 가는데 봄날인 듯 꽃봉오리만 맺고 있을 것입니까? 거름이 시원찮으면 봉오리는 피지 못하고 땅에 떨어지고 맙니다. 우리가 먼저 손 내밀지 못하고 사랑하는 마음을 잃어버리면, 이웃을 사랑할 수 있는 기회조차 얻을 수 없습니다.

봄바람에 날아가는 꽃잎이 될 것입니까, 아니면 봄비에 젖어 떨어질 것입니까? 앙상한 가지에 생명을 불어넣는 초록이 되시기를 바랍니다.

예수님께서는 부활한 자신을 처음 본 제자들에게 "너희에게 평강이 있을지어다"라고 말씀하시며 "어찌하여 두려워하며 어찌하여 마음에 의심이 일어나느냐?"라고 물으셨습니다. 예수님께서 사흘 만에 다시 살아나리라고 하셨지만, 제자들이 살아 계신 예수님을 만나게 되니 실제로 일어난 일인지 아닌지 실감하지 못했기 때문입니다. 그들이 부활한 예수님을 보고 놀란 이유는 부활한 예수님을 먼저 만난 사람들이 있었지만, 자신들의 스승이 정말로 죽음을 이기고 부활하셨다는 진실을 인정하고 받아들이지 못했기 때문입니다. 아니면 혹시 예수님을 버리고 도망친 자신들에게 앙심을 품고 복수하기 위해 귀신으로 나타나신 게 아닐까 하고 두려웠던 것입니다.

이는 예수님께서 고난당하실 때, 제 목숨을 부지하기 위해 그분을 버리고 도망쳤거나, 골고다 언덕에서 십자가에 못박혀 모욕당하실 때 죽음이 두려워 곁에 있지 못했기 때문입니다. 예수님께 용서받을 수 있을까? 우리를 원망하지 않으실까? 단죄하고 벌주시지 않으실까? 제자들은 두려워할 수밖에 없었습니다.

그러나 예수님께서는 그들에게 "내 손과 발을 보고 나인줄 알라. 또 나를 만져보라. 영은 살과 뼈가 없으되 너희 보는 바와 같이 나는 있느니라"고 하셨습니다. 또 주님은 제자들의 마음을 열어 성경을 깨닫게 하시고, 그리스도가 고난을 받고 제삼일에 죽은 자 가운데서 살아날 것과 그분의 이름으로 죄 사함을 얻게 하는 회개가 시작되어 모든 족속에게 전파할 것에 대해 "너희는 이 모든 일에 증인이라"고 하셨습니다.

예수님은 제자들을 향한 원망이나 단죄하심이 없었기에 제자들을 만나자마자 "너희에게 평강이 있을지어다"라고 말씀하신 것입니다.

부활의 신앙에는 명확한 정립이 필요합니다. 성서에 대한 지식과 이해는 다른 개념입니다. 예수님에 대해 많은 지식이 있습니까? 제자들처럼 예수님을 이해하지 못하면 우리도 도망치거나 두려워서 멀리 달아날 수밖에 없습니다.

주님은 항상 우리와 소통하기 원합니다. 우리의 죄를 씻어 주시고 함께하기 원합니다. 예수님께서 죽으시고 부활하신 것은 하나의 선상입니다. 아직도 이것이 이해되지 않습니까? 지식적인 것을 얻으려 하지 말고, 무엇을 말씀하시는지에 명확해져야 합니다.

'교회 다니면 천국 간다'는 말을 어떻게 생각합니까? 복음은 천국을 이야기하는 것이 아닙니다. 복음은 하느님을 사랑하고 이웃을 사랑하는 것입니다. 내 믿음이 주님이 말씀하시는 믿음에 이르면 주님과 나는 하나의 선상에 이르고, 구원은 선물이 될 것입니다.

혹시 자유롭지 못한 신앙인가요

위로부터 오시는 이는 만물 위에 계시고 땅에서 난 이는 땅에
속하여 땅에 속한 것을 말하느니라   요한복음 3:31-36

복음서에서 세례자 요한은 제자들에게 예수님에 대해 "땅에서 난
이는 땅에 속하여 땅에 속한 것을 말하느니라. 하늘로서 오시는 이
는 만물 위에 계시나니 그가 그 보고 들은 것을 증거하되 그의 증거
를 받는 이가 없도다"라고 했습니다.

　우리가 알고 있는 예수님과 같은 느낌인가요? 아는 것과 느끼는
것이 같을까요? 사람의 얼굴은 느낌을 가장 빨리 표현해 줍니다. 감
정에 따라 피부색이 변하여 미세하게 얼굴에 그 색이 나타나기 때문
입니다. 가령 화가 나면 얼굴이 붉으락푸르락 해지고, 겁에 질리거
나 아프면 하얗게 질려 버립니다. 낯빛이 검게 그을린 적은 없으신
가요? 말할 수 없는 마음의 상태를 서투르게 표현하는 감정보다 오
히려 피부가 더 잘 표현합니다. 예수님을 생각하면 당신의 얼굴빛은
어떻게 변하나요?

　삶을 어디에 맞추고 살아가나요? 사람들은 장수를 축복이라고 하
는데, 혹시 오래 살고 싶은가요? 얼마 전 지인의 고모가 93세를 향

년으로 소천했습니다. 그분은 전도관이라는 천부교의 신도로 신앙촌에서 정결한 삶을 살았습니다. 전도관에는 결혼 및 성적 관계를 맺지 않고 선하게 살면 성서에 나오는 선조들처럼 오래 산다는 교리가 있는데, 지인의 고모는 이것을 옳다고 믿고 죽을 때까지 결혼하지 않았다고 합니다. 과연 오래 사는 것이 축복일까요?

리 톨랜드 크리거Lee Toland Krieger 감독의 《아델라인: 멈춰진 시간》이라는 영화를 보면 주인공 아델라인이 끔찍한 사고를 당한 후 늙지 않고 29세의 미모를 간직하며 살아갑니다. 얼굴과 실제 나이가 비슷하지 않자 자신의 정체를 수상하게 여긴 경찰과 FBI를 피해 사랑하는 딸과도 함께 살지 못하고, 십 년마다 신분과 거주지를 바꾸며 외로운 삶을 살아갑니다. 그녀는 백 년 동안 세 번의 사랑을 했습니다. 새해전야 파티에서 성공한 삶을 살아가는 엘리스를 만나 세 번째 사랑을 하게 되지만 자신의 비밀을 지키기 위해 그를 밀어냅니다.

이 영화를 통해 영원한 젊음은 축복이 아님을 느꼈습니다. 영화의 마지막 부분에서 또 다른 사고로 신체의 변화를 겪는 아델라인이 거울을 통해 흰머리가 생긴 자기 모습을 보며 행복한 표정을 짓습니다.

신앙생활을 어디에 맞추며 살아가나요? 브라질 가톨릭교회 대주교 돔 헬더 카마라Dom Hélder Pessoa Câmara는 "내가 가난한 사람들에게 먹을 것을 주면 사람들은 나를 성자라고 하고, 내가 가난한 자들에게 왜 먹을 것이 없는지 물으면 사람들은 나를 사회주의자라고 한다"고 했습니다.

그는 주님은 가난한 사람들 안에 계신다는 믿음으로 인간으로서의 최소한의 삶과 인권을 존중받으며 사는 세상을 만드는 것이 복음화라는 자신의 신앙을 실천하며 가난한 이웃들을 위한 선교에 헌신했습니다.

도움이 필요한 이웃을 향한 나눔의 기회는 아무에게나, 아무 때나 주어지는 것이 아닙니다. 그 기회가 나에게 왔을 때를 잡아야 합니다. 이를 통해 우리는 하느님의 사랑을 깊이 체험할 수 있습니다. 내 능력이 부족하다고 주저하지 마세요. 가진 능력만큼 나누는 일에 적극적으로 동참하면 하느님의 놀라운 기적이 나의 삶에서 일어나게 됩니다.

지방시는 "드레스에 여성을 맞추는 게 아니라 여성에게 드레스를 맞추는 것이다"라고 해서 최고의 브랜드로 올라섰습니다.

일부 사람들은 실제를 중요시하지 않고 자기들이 믿고 싶은 대로 이끌러 가면서 아주 당당합니다. 복음은 우리 입맛에 맞추는 게 아니라 주님께서 말씀하신 하느님 사랑과 이웃 사랑에 맞추어야 합니다.

요한은 "주님의 증거를 받는 이가 없다"고 했습니다. 땅에 속한 이성과 논리라는 사고에 갇혀 있으면 물질적인 세계가 내가 아는 세상의 전부가 되기 때문입니다. 또 요한은 "그의 증거를 받는 이는 하느님을 참되시다 하여 인쳤느니라"고 했습니다. "아들을 믿는 자는 영생이 있고 아들을 순종치 아니하는 자는 영생을 보지 못하고 도리어 하느님의 진노가 그 위에 머물러 있느니라"고 또렷하게 증언했습니다.

주님이 다스리는 세상을 부정하고 등을 돌림으로 스스로를 좁은

새장 안에 가둘 것인가요? 하느님 나라에 들어가려는 노력을 소홀히 하지 마세요. 아무리 큰 성공을 이루었어도 예수님의 모습을 본받지 않으면 갈 곳이 없습니다. 교회가 이 땅에서의 축복만을 강조하면 교회는 이웃으로부터 비난을 받고 서로 비방함으로 분열될 수 있습니다.

사람 사는 곳에는 대립과 논쟁이 항상 발생합니다. 집단의 현실로 참여할 때는 상황이 더 가변적이고 형태가 다양하며, 거의 모든 사회가 삶의 해석에 따라 다르게 구분됩니다.

주님의 관점으로 보지 못하는 운동 방식으로는 우리가 꿈꾸는 미래를 기대하기 어렵습니다. 새로운 방법은 새로운 균열일 수 있고 이익집단에 치우치는 결과를 제공하기 쉽습니다.

갈등이 없는 사회는 없었습니다. 메시아의 등장마저도 하느님의 아주 오래된 계획에서 시작되었지만, 이 땅에서는 갈등을 일으켰습니다. 그렇다고 교회가 사이비 종교처럼 심리적으로 취약한 사람들의 결핍 속에 파고들어가 스스로 이웃과 단절하는 '은둔형 외톨이'가 되어서도 안 됩니다. 교회는 결핍을 이야기하는 곳이 아니라 사랑을 이야기하는 곳입니다.

'사슴 록鹿' '울 명鳴'을 사용하는 녹명이라는 단어를 아십니까? 사슴은 먹이를 발견하면 먼저 목 놓아 운다고 합니다. 즉 먹이를 발견한 사슴이 배고픈 동료 사슴들을 불러서 나눠 먹기 위해 내는 울음소리를 '녹명'이라 합니다. 세상에서 가장 아름다운 울음소리입니다.

우리의 목소리가 녹명처럼 아름답길 소원합니다. 선한 운동이라 할지라도 하느님의 눈에 '아름답다'는 칭찬이 되어야 합니다. 우리의 삶이 아름다운 것은 하느님 나라가 있기 때문입니다. 주님의 부활을 기뻐하고 새로운 한 주간도 힘차게 시작합시다.

복음의 시작

하느님의 아들 예수 그리스도 복음의 시작이라 **마가복음 1:1-3**

연일 봄비가 내립니다. 작고 여리게 내리는 봄비도 일단 땅으로 내려오면, 대지는 여린 잎과 꽃들을 감추지 못하고 모든 것을 드러냅니다. 이는 자연이 가르쳐 주는 복음의 시작입니다. 성령의 단비를 맞는 우리는 무엇을 드러내면서 살고 있나요?

눈에서 멀어지면 마음에서도 멀어진다고 합니다. 요즘 자신의 마음에서 멀어진 게 무엇인지 생각해 보세요. 혹시 좋은 인간관계를 유지하기 위해 복음과 멀어지진 않았나요?

예수님과의 꾸준한 만남과 공감이 눈에서 복음으로 가깝게 만듭니다. 함께 교회 공동체를 이루고 있지만 공동체 밖에서 친교의 시간을 나누고 상대의 마음에 공감을 나눈 시간이 얼마나 되나요?

복음서는 "저가 네 길을 예비하리라"고 알려 줍니다. 봄을 맞이하는 봄비도, 예수님을 맞이하는 요한도 서로 동시대에 살았듯 말씀을 전하는 저도, 듣는 여러분도 서로에게 예비자와 같지 않을까요?

기본적인 과정이 소홀해지면 무엇 하나라도 제대로 해보려고 할 때 서로의 관계가 소원해집니다. 신앙생활에 냉담해진 교우들이 많습니다. 교회에 잘 나가지 않는 이들은 스스로를 자랑스럽게 가나안 신자라고 부릅니다. 자랑스럽게 할 말은 아닙니다. 가나안 신자는 요즘 생긴 말이 아니라 80여 년 전에 함석헌 선생이 한 말입니다.

'나중에'라는 말을 종종 사용하나요? 나중에 여유가 생기면, 나중에 시간이 생기면, 나중에 돈이 생기면, 이 시간이 길어지면 나중에 그 무엇이 생길 때가 와도 이미 서먹해진 관계로 마음에서부터 멀어지고 거짓으로 모면한 시간은 훗날 곤혹스럽게 돌아올 수 있습니다.

예수님은 아흔아홉의 양보다 잃어버린 한 마리를 찾는 분입니다.

사람을 잃어 보았나요? 비 오는 날 우산을 잃은 감정과는 다릅니다. 물건을 잃어 허전하고 아까운 것과는 비교가 되지 않습니다. 사람을 잃으면 이내 잊히지 않는 슬픔과 아픔이 쌓입니다.

살포시 삶을 가리고 있는 안개를 걷어 내 보세요. 내가 먼저 내민 따뜻한 손길 하나가 봄맞이 꽃인양 모든 안개를 햇살처럼 환하게 해 줄 것입니다.

우리 교회도 교우들이 자신의 보금자리라고 마음을 멀리하지 않고 서로의 살핌이 이어졌기에 이 지역에서 30년을 넘게 향기를 발하는 것입니다.

나의 인생은 무엇을 닮아 가는 중일까요? "광야에 외치는 자의 소리가 있어 가로되 너희는 주의 길을 예비하라"고 했습니다. 예수님을 찾고 닮아 가길 바랍니다. 그분은 쉽게 알 수 없는 미로 같은 길을 먼저 본을 보였습니다. 큰 산과 같은 마음과 넓은 바다 같은 마음이 필요한가요? 우리네 삶은 작은 마음들이 모여야 산이 되고 바다가 될 수 있습니다. 먼지같은 작은 나 하나쯤 없어도 된다는 생각은 버려야 합니다. 함께하지 않는 마음은 어느 누구도 닮아 갈 수 없습니다.

주님의 은혜를 사모하기 바랍니다. 신앙생활에서 행복을 결정하는 요소는 은혜를 아는 관계이며, 은혜를 안다는 건 은혜와 내 생각을 연결해 한계를 넘어서게 하여 공동체를 건강하게 만듭니다. 신앙은 이쪽이냐 저쪽이냐 폭력적으로 강요하는 게 아니라 주님의 은혜를 닮아 가는 것입니다.

삶의 변화가 많은가요? 예수님은 삶의 커다란 변화를 여러 차례 겪었습니다. 하루아침에 큰 변화를 이겨 내신 것이 아닙니다. 예수님은 서른이 넘어 오랜 침묵에서 일어났습니다. 예수님의 일어남은 하느님 나라를 우리에게 강조하기 위함이었습니다. 예수님은 위기에서 포기하지 않고 갈릴리에서 예루살렘으로 가시면서 복음을 선포하고, 예루살렘에서 생애 마지막 일주일을 보내시며 성서의 예언을 완성으로 이루었습니다.

복음서가 말하는 예수님의 삶은 억압받는 가난한 삶에 대한 위로와 치유, 억압하는 자들에게 복음의 가르침, 그리고 십자가와 희생이었습니다. 즉 하느님 나라와 십자가로 연결된 대속의 완성이었습니다. 예수 그리스도 복음의 삶은 여러 번의 위기에서 변하지 않았습니다. 우리의 인생도 수많은 위기를 맞이할 때, 복음의 뜻에 맞는 삶의 전환이 우리에게 있길 소망합니다.

줄리어스 에이버리Julius Avery 감독의 영화 《사마리탄》은 쌍둥이 형제 사마리탄과 네메시스를 통해 선과 악이 동시에 내 안에 존재함을 확인시켜 줍니다. 악만 나쁜 짓을 한다면 악을 제거하는 건 오히려 쉽습니다. 그런데 진실은 선과 악이 모든 마음에 공존한다는 것입니다.

힘들고 아프더라도 주님께서 선포하신 복음으로 바른 선택을 합시다. 몸의 가장 중심은 어디일까요? 바로 '아픈 자리'입니다. 조금만 아파도 온몸의 신경과 마음이 쏠리고 먼저 배려하게 되는데 이는 생명의 현상입니다.

갈보리산 십자가 위의 주님은 얼마나 아프셨을까요? 이 희생에 얼마나 감사하나요? 감사의 반대말은 당연이고, 행복의 반대말은 불만이라고 합니다. 내 삶에서 감사가 당연하다면 악이 될 수 있습니다. "너희는 주의 길을 예비하라. 그의 첩경을 평탄케 하라"고 이사야 선지자는 선포했습니다. 우리의 삶이 복음의 길에 외치는 소리가 되길 두 손 모읍니다.

아름다운 당신이기를

저희와 함께 음식 잡수실 때에 떡을 가지사 축사하시고 떼어
저희에게 주시매 저희 눈이 밝아져 그인줄 알아 보더니 예수는
저희에게 보이지 아니하시는지라   **누가복음 24:25-35**

'조금만 참았어도…' 하며 후회한 적 있나요? 내 속이 좁아 언짢을
때가 있습니다. 모욕을 받고 이내 발끈하여 우리의 마음이 조그마한
웅덩이 같을 때도 있습니다.

요즈음 주변을 보면 우울증 앓는 사람도 많고, 마치 사회적 병리
현상으로 여길 정도로 극단적인 방법을 선택하는 사람도 많습니다.
인생의 위기에서 선택할 수밖에 없는 상황이 왔을 때 우울증은 위험
한 질병입니다.

질병을 치료하기 위한 준비를 미리 해야 합니다. 위기를 극복하지
못하고 자신의 삶을 지키지 못하면, 참거나 속으로 삭여야만 했던
시간으로 인해 구렁으로 떨어질 수 있습니다.

오늘 수리산으로 들예배를 오면서 인근에 있는 반월호수와 갈치
호수를 지나왔습니다. 이 호수들은 물이 깊어 돌을 던져도 쉽게 흐
려지지 않습니다. 우리의 마음이 호수처럼 어느 누가 던지는 돌맹이
같은 말에도 강건하길 바랍니다.

위기 속에서 삶은 빛이 납니다. 인생을 사는 동안 위기가 없는 사람이 있을까요? 위기는 나를 힘들게 하지만 그 위기로 인생을 배우기도 합니다. 예수님을 믿고 따른다고 위기가 오지 않을까요? 예수님의 제자들에게도 감당하기 힘든 위기가 찾아왔습니다.

제자들 삶의 반전이 어디에서 왔는지 주목해야 합니다. 도망갈 수밖에 없었던 그들은 부활하신 '예수님과의 만남'에서 삶의 반전을 맞게 됩니다.

복음서에는 수많은 만남의 사건이 기록되어 있습니다. 예수님을 만난 사람들의 계기는 다양했지만, 그 만남으로 삶 자체가 반전되었습니다. 만약 예수님과의 만남이 일상적인 만남으로 끝났다면, 그들은 변화되는 삶을 맛보지 못했을 것입니다.

누가복음 24장은 예수님이 십자가에 달려 돌아가신 후 목적을 잃어버린 두 제자가 꿈꾸던 모든 것을 포기하고 평범한 일상인 엠마오로 돌아가는 길 위에서 예수님의 죽음과 부활을 목격한 이야기이며, 자신들과 함께하신 바로 그 선생님을 재발견하는 이야기입니다.

이 이야기를 엠마오로 가는 두 제자가 아니라 오늘을 살고 있는 우리의 이야기로 보아야 합니다. 부활 절기를 챙기고 이 사건이 얼마나 놀라운 일인지 알면서도 우리가 만나려는 예수님이 나에게 전혀 새로운 예수님이 아니라면 우리는 그분을 전혀 알지 못하는 것입니다.

엠마오로 가던 이들이 만난 예수님은 초자연적 현상을 통해 하늘에서 흰옷을 입고 내려온 예수님이 아니라, 얼굴을 알아볼 수도 없을 정도로 상한 모습입니다. 만약 내 자신이 위기 속에서 상처 입은 예수님을 만난다면 어떤 반응을 보였을까요?

엠마오로 가는 두 사람이 처한 상황은 좌절과 절망 그 자체였습니다. 선생님이 이스라엘을 해방시켜 줄 분이라고 굳게 믿었는데 그분이 죽은 지 사흘이 되도록 아무것도 보지 못했으니 당연했을 것입니다.

험한 산을 힘들게 올랐는데 정상에 꽃이 있나요? 올라가는 길에는 꽃과 나비가 있어도 꼭대기에는 거의 바위뿐입니다.

두고 가야 할 흔적까지 다 들고 가려는 우리네 삶은 슬픈 추억까지도 버리지 못합니다. 꽃을 보려고 산에 가기도 하지만, 꽃을 보려고 정상에 오르는 건 아닙니다. 꽃은 산으로 가는 중간에 만나는 아름다움입니다. 우리가 예수님을 만나려는 것은 이 세상의 아름다움에 취해 머물러 있기 위함이 아니라 이렇게 아름다운 자연을 창조해 주신 하느님을 만나기 위함입니다.

예수님은 언제든 어디서든 만날 수 있습니다. 그러나 예수님과의 만남 후에도 절망과 좌절을 이겨 내지 못하면 잘못된 만남입니다. 예수님과의 만남은 먹고 이야기하는 일상적인 과정에서 이루어집니다.

그런데 살면서 여전히 예수님을 알아보지 못하고 있지 않나요? 예수님께서 전혀 다른 모습으로 나타나셨기 때문인가요? 오늘 내가 만나는 사람이 예수님의 모습입니다.

내 마음의 틈새를 모두 그리스도의 향기로 채우면 힘들고 어려운 이웃을 만날 때 마음이 뜨거워질 것입니다. 끊임없이 예수 그리스도의 삶을 회상하고, 그분의 시선을 기억하기 바랍니다. 내가 변해야 그분을 만날 수 있습니다.

　예수님이 죽었다가 살아나셨다는 객관적인 사실이 아니라 내가 죽었다가 살아나는 삶이어야 합니다. 바라만 봐도 아름다운 사람은 바로 예수님을 닮은 당신입니다.

배려는 마음의 열쇠입니다

> 너희 땅의 곡물을 벨 때에 너는 밭 모퉁이까지 다 거두지 말고
> 너의 떨어진 이삭도 줍지 말며 너의 포도원의 열매를 다 따지
> 말며 너의 포도원에 떨어진 열매도 줍지 말고 가난한 사람과 타
> 국인을 위하여 버려 두라 나는 너희 하느님 여호와니라
>
> 레위기 19:9-10

시인 이채는 '오월에 꿈꾸는 시'에서 '꽃들은 서로 화내지 않겠지?'
라고 묻습니다. 비가 오면 함께 젖고 바람 불면 함께 흔들리며 어울
려 피는 기쁨으로 웃는다고 합니다. 한철 피었다 지는 꽃들도 그렇
게 아름답게 살아가는데 우리는 경쟁에 너무 많은 에너지를 쏟고 있
습니다.

배려는 '짝 배配', '염려할 려慮'를 뜻하며 상대방을 도와주거나 보
살펴 주려는 마음입니다. 내가 지금 만나고 있는 사람들에게 꼭 해
야 할 좋은 에너지입니다.

일본의 여류 작가 미우라 아야코三浦綾子는 세상을 행복하게 만들
어 주는 배려가 무엇인지 보여 주었습니다. 미우라 부부가 작은 잡
화점을 열었을 때, 장사가 너무 잘 되어 트럭으로 물건을 공급할 정
도로 매출이 쑥쑥 올랐습니다. 그에 반해 이웃 가게는 손님이 없었
습니다. 그때 남편에게 솔직한 심정을 이야기했습니다. "우리 가게
가 너무 번창해서 이웃 가게들이 문을 닫을 지경이에요. 이는 우리

의 바라는 바가 아니고 하늘의 뜻에도 어긋나는 것 같아요." 미우라 아야코의 말을 좋게 여긴 남편은 가게 규모를 축소하고, 손님을 이웃 가게로 보내기도 했습니다.

그 결과 시간이 남게 된 미우라 아야코는 평소에 관심 있던 글을 쓰기 시작했는데, 그 글이 바로《빙점》이라는 소설입니다. 그녀는 이 소설을 1964년 아사히 신문사 공모전에 출품해서 당선되었고, 잡화점에서 번 돈보다 비교할 수 없는 부와 명예를 얻었으니, 이는 그녀의 '배려' 덕분이라고 할 수 있습니다.

성서 레위기를 보면 이스라엘 백성이 가나안 땅에 들어가서 지킬 여러 규례를 알려 줍니다. 특히 "가난한 사람과 거류민을 위하여 곡식을 모퉁이까지 다 거두지 말며, 떨어진 이삭을 줍지 말며, 포도원의 열매를 다 따지 말라"고 배려를 명합니다. 이 명령이 가르치는 것은 하느님의 가난한 이웃을 향한 특별한 배려입니다.

추수의 계절은 아름답고 풍성하지만, 추수할 것이 없는 사람들에게는 힘들고 아픈 계절입니다. 그래서 하느님은 추수할 것이 없는 이웃을 포함한 모두가 함께 추수의 기쁨을 나눌 수 있는 방법을 제시해 주신 것입니다.

모든 이스라엘 백성이 함께 가나안에 도착하지만, 모두가 똑같이 출발해도 세월이 지나면 여러 사정으로 부자와 가난한 자가 생기기 마련입니다. 이때 하느님은 이스라엘이 여유가 있고 인심이 후한 나라가 되기를 원하셨던 것입니다.

배려는 관심에서 출발하고, 세상을 행복하게 만들어 주는 원동력이 됩니다. 하느님의 뜻을 잊지 않았다면, 교회는 전도가 아니라 먼저 배려를 해야 지속 가능성을 잃어버리지 않습니다.

아무것도 변하지 않을 것 같은 시대 속에서도 교회가 변하면 내가 변하고 사회가 변하게 됩니다. 도덕적으로 백 마디 조언보다 교회가 이웃을 위해 먼저 배려해야 선한 영향력을 펼칠 수 있습니다.

가장 최근에 한 배려는 무엇인가요? 추수와 관련된 규례가 성서에만 기록된 화석이 되면 안 됩니다. 안식이 없는 마음은 분명히 한 곳으로 모이게 되고, 가지지 못한 곳은 굶주림과 폭력으로 나타나기 마련입니다. 천국의 열쇠는 돈으로 구하는 것이 아니라 우리가 선한 의지로 가진 것을 나눌 때 주어지는 것입니다.

《탈무드》에 다음과 같은 이야기가 있습니다. "인간의 몸에는 여섯 개의 소용되는 부분이 있다. 그중에 셋은 자신이 지배할 수 없지만, 다른 셋은 자신의 힘으로 마음대로 할 수 있다. 전자는 눈과 귀와 코이고, 후자는 입과 손과 발이다."

우리는 보고 싶은 것만 볼 수 없고, 듣고 싶은 말만 골라 들을 수 없습니다. 맡고 싶은 냄새만 선택해 맡을 수 있나요? 그럴 수 없습니다. 그러나 자신의 의지에 따라 좋은 말을 할 수 있고, 손과 발을 이용해 하고 싶은 것을 할 수 있습니다. 의지는 선한 양심이 필요합니다.

마틴 루터 킹Martin Luther King 목사는 다음과 같이 설교했습니다.

비겁한 자들은 묻는다. 안전한가?
편리주의자들은 묻는다. 정치적으로 이로운가?
허영심이 가득한 자들은 묻는다. 사람들이 지지하는 일인가?
하지만 양심이 있는 사람들은 이렇게 묻는다. 옳은 일인가?

양심이 없는 사람들은 실체 없는 불만과 핑계가 가득하고, 자신만 우선시하기에 비겁하며, 이로움만 따지고, 어떻게 해야 자신이 우뚝 설까를 고민합니다.

성도는 거룩함을 좇는 사람들입니다. 거룩함이란 구별됨을 뜻하는 것으로 쉽게 말하면 양심이 없는 사람들과 다르다는 것입니다. 배려가 우리를 거룩하게 만들어 줄 것입니다.

사회복지가 무엇입니까? 하느님의 명령입니다. 우리의 삶에 쓰고 남음이 있는 여유를 하느님께서 허락하신 것은 부를 축적하는 것이 아니라 교회 밖에서 약자를 돌보라는 것입니다.

성서는 하느님의 마음을 표현해 주는 약속입니다. 하느님의 약속이 전달되지 못한다면 진실을 말해도 전달되지 않는 죽은 것과 다를 바 없습니다.

좋은 씨앗은 소중히 두었다가 뿌리는 것입니다. 보관이 목적이 아닙니다. 생을 마친 뒤 우리가 남기는 것은 내가 모은 것이 아니라 뿌린 것입니다. 배려는 우리가 뿌리는 씨앗이며, 30배 60배 100배의 열매가 맺힐 것입니다.

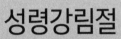

성령강림절

베드로의 질문과 예수님의 예화

베드로가 나아와 가로되 주여 형제가 내게 죄를 범하면 몇번이
나 용서하여 주리이까 일곱번까지 하오리이까 예수께서 가라사
대 네게 이르노니 일곱번 뿐 아니라 일흔번씩 일곱번이라도 할
찌니라
마태복음 18:21-35

새들은 떨쳐 낼 수 있어도 사람은 절대 못하는 것이 중력이라고 합
니다. 그런데 사람이 할 수 있는 것은 미운 마음을 내려놓는 것입니
다. 가슴에 있는 무거운 돌덩이를 내려놓으면, 그것이 무엇이든 용서
할 수 있는 유대감이 생깁니다.

내일은 내일의 해가 뜹니다. 오늘의 일은 오늘로 감사하고 용서하
길 바랍니다. 모든 것이 은혜라고 생각하면 장마철의 빗소리마저도
즐겁게 들릴 것입니다.

예로부터 전해 오는 말 중에 "원수는 돌에 새기고 은혜는 물에 새
긴다"는 말이 있습니다. 은혜에 감사할 줄 모르고, 보답할 줄을 모르
는 것을 빗댄 말입니다. 좋았던 것은 희미해지고, 고마웠던 것은 무
뎌지는 게 우리의 마음입니다.

마태복음에 보면 히브리인의 율법 안에 살던 베드로가 예수님과
동행하며 지내는 동안 주님의 교훈과 행동하심에 큰 감화를 받아 질
문합니다. "주여 형제가 내게 죄를 범하면 몇 번이나 용서하여 주리

이까?" 예수님의 삶과 가르침인 복음이 곧 사랑이며, 용서라는 것을 알게 된 베드로의 마음에 작은 의구심이 일어난 것 같습니다. 그래서 '용서를 한다면 몇 번이나 하고, 얼마나 용서하면 되는 것일까? 어떠한 조건과 형편에서 몇 번이나 용서해야 하는 것일까?'를 구체적으로 알고 싶었던 것 같습니다.

"몇 번이나 용서하여 주리이까?"라고 물으면서 덧붙이는 말로 "일곱 번까지 하오리이까?"라고 했습니다. 베드로는 넉넉잡아 일곱 번이면 충분하다고 생각한 것 같습니다. 그의 계산으로는 아주 큰 마음을 먹고, 한계를 넓혀 말한 것 같습니다. 그런데 예수님은 "일곱 번뿐 아니라 일흔 번씩 일곱 번이라도 할지니라"고 감당하기 어려운 답변을 하십니다.

이를 계산하면 490번이 됩니다. 이 말씀의 뜻은 끝까지 용서하라는 이야기입니다. 우리가 기도할 때 다른 것을 생각하고 기도하면, 그 기도가 수용되지 않듯 용서하는데 마음이 다른 걸 보고 있으면, 용서는 용서가 아니게 됩니다.

예수님의 이야기 중에 무려 만 달란트나 빚을 진 사람이 이제는 갚으라는 명을 받고 주인 앞에 서게 된 예화가 있습니다. 유대법에서는 빚을 못 갚으면 그 아들이 갚아야 하고, 아들도 갚지 못할 경우에는 자신과 가족이 다 노예로 팔리게 됩니다.

이러한 사회 제도 속에서 갚을 능력이 없는 한 빚진 자가 "그 몸과 처와 자식들과 모든 소유를 다 팔아 갚게 하라"는 주인의 명령을 받게 됩니다. 이때 그는 주인 앞에 엎드려 절을 하면서 조금만 더 참아 주시면 다 갚겠다고 애걸했습니다. 주인이 엎드려 애걸하는 것이 불쌍해 그 많은 빚을 모두 탕감해 주었습니다.

생각지도 못한 긍휼이 베풀어졌습니다. 얼마나 고마웠을까요? 꿈인지 생시인지 구분도 못할 기쁨과 감격이 넘쳐서 나오는데 자기에게 백 데나리온 빚진 사람을 만나게 됩니다. 그는 자신이 얼마나 큰 은혜를 입었는지 잊어버리고 백 데나리온 빚진 자의 목을 붙잡고 갚으라고 호통을 칩니다. 이에 빚진 사람은 조금만 참아 주면 갚겠다고 애원했지만 안 된다며 감옥에 가두어 버립니다. [달란트는 금이나 은을 저울로 무게를 다는 최대의 단위로 한 달란트는 6천 데나리온(드라크마)이고, 한 데나리온은 로마 군인의 하루치 급여로 백 데나리온의 가치는 천만 원 정도입니다. 한 데나리온은 0.5세겔이고, 렙돈은 1/64데나리온이니 성전 미문에서 과부가 헌금한 동전은 약 2천 원 정도입니다.]

이 소식을 들은 만 달란트 탕감해 준 주인이 너무 어이가 없어 다시 그 종을 불러들여 "내가 너를 그렇게 많이 탕감하여 주었는데 너는 그것도 탕감해 줄 수 없느냐? 내가 너를 불쌍히 여김과 같이 너도 네 동관을 불쌍히 여김이 마땅치 아니하냐?"고 호통을 칩니다. 결국 노한 주인은 탕감한 그 빚을 다 갚도록 했습니다.

예수님의 이 예화는 극적이면서도 논리적입니다. 탕감받은 기쁨이 있는 사람은 그 은혜를 잊어서는 안 됩니다. 또한 자신에게 빚진 그 누구에게도 탓하지 말고 용서나 기회를 주어야 합니다.

탕감받은 자의 마음은 천국에 사는 사람들의 마음이어야 합니다. 내가 받은 은혜가 너무 크기에 어떤 섭섭함이나 원통함에도 나무랄 마음이 없는 마음이 곧 하늘의 마음이요, 그리스도인의 마음입니다.

용서하기 어려운 경우와 옳고 그름을 판단해야 할 때가 있습니다. 잘못한 사람을 무조건 용서해 주면 나를 무시하고 업신여길까 용서 못 하는 경우가 있습니다. 또 사회적으로 너무나 악한 인간은 질서를 위해 용서할 수 없고, 정의가 무너지고 악이 자유로워지는 것을 막기 위해 못하는 경우도 있습니다.

내 자존심 때문에, 사회 정의 때문에 용서할 수 없습니까? 판단은 사회와 법에 맡기고, 하느님과 나와의 관계에서만 생각하기 바랍니다. "피차 용서하되 주께서 너희를 용서하신 것과 같이 너희도 그리 하라"고 하셨습니다. 용서의 동기를 주위 환경이나 상대의 태도와 조건에서 찾지 말고, 주님의 관점에서 찾기 바랍니다. 하느님의 공의는 내가 세울 수 있는 것이 아니니 하느님께 맡기기 바랍니다.

"서로 용서하기를 하느님이 그리스도 안에서 너희를 용서하심과 같이 하라"고 했습니다. 용서의 이유를 찾으면 하느님이 나를 사랑하기 때문일 뿐입니다. 그 외에 어떠한 이유도 없는 것이 그리스도인의 윤리입니다.

억만장자가 되면 더는 돈 때문에 걱정하지 않는다고 합니다. 우리가 소유한 믿음은 어떤가요? 오늘 나는 믿음으로 말미암아 더는 걱정이 없나요? 어쩌면 돈보다 더 못한 믿음을 소유하는지 모릅니다.

자기의 자기됨을 너무 쉽게 잊어버리는 자기 상실은 곧 은혜의 상실이라는 무서운 결과를 초래할 수 있습니다. 비바람이 불 때 바람과 비는 방향이 다릅니다. 바람이 아무리 거세게 비를 몰아쳐도 잠시 흔들릴 뿐 땅으로 가는 걸 막지 못합니다.

성령강림절 첫째 주일입니다. 성령의 단비로 지난날에 받은 은혜

를 너무 쉽게 잊어버리지 말고, 오직 하느님의 은혜로 살아 있음을
고백하고 감사합시다.

변화받은 저들처럼

오직 성령이 너희에게 임하시면 너희가 권능을 받고 예루살렘
과 온 유대와 사마리아와 땅 끝까지 이르러 내 증인이 되리라
하시니라
사도행전 1:8

오늘도 나의 기도는 주님을 향해 떨림으로 시작됩니다. 늘 깨어 있기를 소망하며 하늘의 문을 향해 그리스도의 비밀을 열고자 하는 작은 함성입니다.

아무런 까닭이 없는 함성과 슬픔이 없는 눈물은 거짓입니다. 주님으로 인해 기쁨과 감격이 나를 생명으로 에워싸야 순종의 아멘이 피어나는 것입니다.

영국의 소설가 허버트 웰스H.G.Wells의 《대주교의 죽음》이란 책에 "오, 전능하신 하느님"으로 시작하는 대주교의 기도에 하느님께서 "오냐, 무슨 일이냐?"고 응답하시는데, 그 음성을 듣는 순간 너무 놀란 대주교가 심장마비로 죽는 이야기가 나옵니다. 날마다 기도하면서 응답이 있으리라는 기대를 하지 않고, 습관적인 기도였기에 실제 응답을 듣자마자 놀라 죽은 것입니다.

이 이야기가 시사하는 바는, 지금 이 순간 나는 어떤 자세로 기도하며, 어떤 마음으로 하느님을 부르고 있는지 돌아보게 합니다.

하느님의 응답을 확신합니까? 우리의 믿음대로 하느님은 살아 계시며, 실재하는 역사의 주관자이심을 고백합니까? 목마른 사슴이 시냇물을 찾기에 갈급한 것처럼, 비를 기다리는 농부처럼 간절한 마음이 있습니까?

오늘도 우리를 부르시고 찾으시는 그분은 위로와 사랑이시기에 기도하는 모든 것을 기억하시고 주의 능력으로 응답하십니다. 설마 소설 속의 대주교처럼 하느님의 음성에 놀라 쓰러지지는 않겠지요?

한국의 목회자들은 대체로 학력이 높은 편입니다. 그런데 미국의 부흥하는 교회를 조사한 결과를 보면, 학위를 소지한 목사는 거의 없고, 평범하게 신학교를 졸업한 후 자신의 학식과 지식에 의존하지 않고 자신의 부족함을 느끼면서 전적으로 하느님께 모든 것을 위임한 교회였습니다.

교회는 아기 예수 그리스도가 이 땅에 오셔서 구속의 구체적 실행이 시작되면서 시작된 것이 아닙니다. 그리스도의 삶이 마구간에서 시작되었지만, 교회는 마가의 다락방에서 시작되었습니다. 예수님께서 이 땅에 오신 목적대로 아름답고 귀중한 삶의 시작이 다락방에서 떡을 떼고 잔을 나누는 성찬 예식을 통해 절정에 이르게 됩니다.

성찬 예식은 주님께서 대속물로 드려지기 직전에 친히 행하신 것으로 '섬김을 받으려 함이 아니요. 도리어 섬기려 하고, 많은 사람의 대속물로 결론을 맺는 위대한 예식'입니다. 이는 예수님의 지상 생활의 마지막인 동시에 교회의 출발이 된 위대한 순간입니다.

이 예식을 통해 다락방에 들어갔던 사람들은 변화를 받고, 주님께

서 이루신 구속 사역의 증인으로 생명을 걸고 용기 있게 나서게 되
며 새사람이 되었습니다. 다락방의 놀라운 변화는 기독교 2천 년 역
사를 통해 증명되고 있습니다.

나를 위해 하느님이 무엇을 해줄 것인가를 묻던 사람들이, 내가
하느님을 위해 무엇을 할 것인가로 변화되었습니다. 강하고 끈질긴
인간의 지속적인 욕망이 예수님을 위해 무엇을 해야 하는지 생각이
바뀌었습니다. 삼 년 동안 예수님과 함께 생활했음에도 버리지 못했
던 인간적 욕망에서 솟아나던 소원들이 변화된 것입니다.

어느새 제자들의 삶은 주님이 원하시는 삶을 찾게 되고, 그리스도
를 자기중심적으로 보던 눈이 그리스도 중심적으로 보는 눈으로 바
뀌게 되었습니다. 나를 위해 다른 사람을 바라보던 눈이 다른 사람
을 위해 나를 바라봄으로 이웃을 사랑하는 사람이 된 것입니다.

다락방에 모인 사람들은 한결같이 나약하고 비겁했던 자들입니
다. 예수님께서 부활하셨다는 소식을 듣고도 두려워서 엠마오로 돌
아가던 제자들도 있었고, 자기 스승을 세 번이나 모른다고 부인한
베드로도 여기에 있었으며, 예수님께서 골고다에서 십자가를 지고
고통당하실 때 모든 걸 포기하고 갈릴리호수로 돌아가 물고기를 잡
던 일곱 명의 제자도 있었습니다.

가장 나약했던 이들이 다락방에서 성령으로 말미암아 변화의 역
사를 맞이했습니다. 용기 있는 사람으로 바뀌었고, 의심이 사라졌으
며, 대제사장과 무리 앞에서 "다른 이로서는 구원을 얻을 수 없다"고
외치는 담대한 사람이 되었습니다.

내 것이라는 생각은 내 마음대로 할 수 있다는 생각으로 이끌리

게 됩니다. 전에는 가정도, 재산도, 생명까지도 모두 내 것인 줄 알았습니다. 살아가기 위해서 자기 스승을 저주하기도 하고 은화 삼십 냥에 팔기도 했습니다.

그런데 다락방에 들어간 그들이 달라졌습니다. 이 세상에 내 것은 하나도 없고, 모두가 주님의 것임을 깨닫고, 당신 것을 내 것이라고 고집하며 살아왔던 지난날의 어리석음을 회개하게 된 것입니다.

잘못된 선택으로 어려움에 직면하여 죄가 관용한 이 시대에 어쩔 수 없이 비겁해질 수밖에 없다고 생각합니까? 아무리 험악한 시대를 살아도 우리 모두가 이 다락방을 통해 변화받은 사람들처럼 용기와 정의로운 사람이 되길 강복합니다.

폐하러 오신 것이 아니라 완전케 하려 오심

내가 율법이나 선지자나 폐하러 온 줄로 생각지 말라 폐하러
온 것이 아니요 완전케 하려 함이로라   **마태복음 5:17–19**

기독교 문화학 공부를 할 때, 초기 선교사들의 선교에 대해 배웠습니다. 그중 생각나는 것 하나를 이야기하려 합니다.

서양 선교사가 아시아의 작은 섬으로 선교를 와서 교육과 의료 등 많은 일을 했습니다. 그리고 예배 처소를 마련하고 예배를 드리기 시작하는데, 일부일처인 사람들만 예배에 참석하게 했습니다. 추장은 교회에 가고 싶지만, 아내가 세 명이라 갈 수가 없었고, 세 명의 아내는 남편이 한 명이라 예배에 참석할 수 있었습니다. 그런데 어느 날 배 한 척이 섬에 도착했는데 그 배에는 선교사의 이혼한 전 아내가 타고 있었습니다. 선교사는 재혼한 것입니다.

추장은 저 선교사는 나보다 더 나쁜 사람이라고 생각했습니다. 나는 아내를 버리지 않고 세 명과 함께 사는데, 복음을 전한다는 사람이 아내를 버리고 다른 여자와 산다는 것입니다. 문화가 다른 사람들의 관점에서 보면 추장보다 선교사가 더 나쁠 수 있습니다. 아니 선교지의 사람들에겐 선교사는 아내를 버린 막돼먹은 남자였습니다. 이렇듯 문화가 다르면 이해도 다릅니다.

MZ 세대의 자녀와 부모 들은 다른 문화에 살고 있습니다. 부모는 자녀들이 잘되기를 바라는 마음으로 "밥 먹어라, 공부해라, 휴대전화 그만 해라" 등 많은 요구를 합니다.

자녀들이 그 요구 안에 숨어 있는 부모님의 뜻을 모를까요? 아직 어려서 부모님께 심려를 끼치지 않아야 한다는 것을 중요하게 생각하지 않을 수는 있지만, 잘 알고 있습니다.

먼저 자신에게 필요하고 중요한 것들을 알아서 잘 챙기는 자녀는 많지 않습니다. 그렇다고 자녀들을 이해하지 못한 채 다가서면 부모의 간섭이 오히려 해가 될 수도 있습니다. 잘 모르기 때문이니 대화를 해야 합니다. 그리고 서로가 가진 생각의 차이를 줄이고 무엇이 더 합당한지 배워야 합니다.

"부모님 말씀을 잘 들으면 자다가도 떡이 생긴다"는 말이 있습니다. 옳다고 생각하나요? 맞는 말이지만 옛날 말입니다. 새롭게 다가서지 않으면 옳은 일을 하고도 나쁜 영향만 맞이할 수 있습니다. 부모와 자녀는 무엇을 하지 않은 게 아니라 함께 완성하는 선택을 해야 합니다.

하느님과 우리의 관계도 제가 어릴 때와는 달리 많은 문화의 변화가 생겼습니다. 하느님은 자녀인 우리를 구원으로 이끄시기 위해 많은 것을 명령하셨습니다. 그중에 하나만 이야기해 보겠습니다.

'안식일주일을 거룩하게 지켜라' 입니다. 대한민국의 70년대 주일 성수와 현재의 주일 성수 모습이 같다고 생각합니까? 70년대 초반에는 주일이 오면 한 가정의 믿음의 기둥인 어머니들은 온전한 주일 성수를 위해 전날부터 한복을 다리고, 헌금을 깨끗한 돈으로 준비하고, 혹여나 가족들이 예배에 참석하지 못할까 지극정성이었습니다.

교회에서 청년들이 찬양을 위해 강단에 올라가고 기타와 드럼 치는 것을 마귀의 행위로 보던 시대와 지금은 같은 종교라고 생각하기도 어렵습니다. 그러나 확연하게 다르지만 그때나 지금이나 하느님을 향해 경배하는 마음은 변하지 않았습니다.

복음서에서 예수님은 제자들에게 "내가 율법이나 선지자나 폐하러 온 줄로 생각지 말라. 폐하러 온 것이 아니요 완전케 하려 함이로라"고 하셨습니다. 율법이나 예언서에는 우리를 사랑하고 걱정하시는 하느님의 마음이 담겨 있습니다.

하느님의 마음이 우리에게 실제로 이루어지기 위해서는 무엇이 필요할까요? 주님의 관점으로 하느님의 뜻을 받아들이고, 삶에서 실천해야 합니다. 한국 교회가 자녀들에게 마음의 문을 열지도 못한 채 '마지못해서, 어쩔 수 없이 따르는 마음'을 엄하게 요구하며 신앙을 세습해 왔기 때문에 자녀들이 예수님의 말씀에 따르는 데 주저하고, 교회학교가 사라지고 있는 것입니다.

교회학교 어린이가 줄어드는 것을 보고만 있을 뿐, 교회 자체 문화 소비력은 찾아보기 힘듭니다. 소비가 떨어지면 생산이 줄어들게 되고 결국 교회학교는 사라질 것입니다. 그렇게 되면 교회는 자연적으로 빈 건물만 남게 됩니다. 또한 문화 소비에만 주력하면 하느님의 뜻인 구속사의 의미가 희미해집니다.

요즘 젊은이들에게 천국 가기 위해 신앙생활을 하는지 물으면, 대부분 부모님 때문에 교회 다닌다고 대답합니다. 이런 자녀들의 세대에서 우리의 관점은 어디를 향해야 할까요?

율법을 완성하러 오신 주님의 관점은 사람에게 있었습니다. 힘들고 어려운 이웃들을 향한 손길이 율법의 완성이었습니다. 교회가 교회만을 돌아보고 크게 키워왔습니다. 큰 교회는 얼마나 건물이 거대한지 멀리서도 한눈에 다 보이지 않습니다.

우리는 이미 유럽을 통해 큰 교회들의 텅 빈 모습을 지켜보았습니다. 그런데도 한국 교회는 사라져 가는 교회학교보다 껍데기에 주력하고 있습니다. 성전 건축보다 더 중요한 것은 지금 청년들을 예수님이 선택한 새로운 방식처럼 주님의 품으로 끌어내는 방도를 찾는 것입니다.

교회 안에서의 청년 문제뿐만 아닙니다. 그들이 안정적으로 일할 수 있는 일자리가 부족하고 청년 고독사가 늘어나고 있습니다. 주님의 사랑으로 그리스도인들이 이 문제에 큰 관심을 가지고 해결해야 합니다. 청년들이 갈 곳이 없어 방황하고 있습니다. 이런 사회에서 누가 결혼을 하고 아이까지 낳으려고 하겠습니까?

청년들이 살아갈 수 있는 문을 교회가 열어야 자연스럽게 출산 문제도 어느 정도 해결 가능하고 교회학교도 사라지지 않을 것입니다.

대형 교회 목사의 자녀들은 교인들의 헌금으로 유학도 다녀오고 잘 사는데 왜 가난한 교인들의 자녀는 교회가 돌보지 않는지 돌아보아야 합니다.

최소한만 겨우겨우 지키는 한국 기독교의 태도로는 하느님의 크나큰 사랑과 놀라운 뜻이 제대로 실현될 수 없습니다. 벌어진 틈을 좁혀 나가야 합니다. 하느님을 진심으로 사랑하는 사람은 그분의 말씀을 받아들이고 따르는 데 주저하지 않습니다. 그분의 뜻이 내 안에서 '최대'로 실현되도록 모두가 마음을 모아야 합니다.

하느님은 모든 사람을 사랑하고 구원받기 원합니다. 또한 하느님은 모든 사람이 하나 되기를 원합니다. 교회를 채우기 위해 전도하는 것이 아니라 이웃을 사랑하기 위해 예수님을 알려야 합니다. 성령강림 절기만이라도 더 깊이 서로를 이해하기 위해 기도하고, 성령과 함께 이웃과 하나 되기를 완성하기 바랍니다.

사람이며 신이신 예수 그리스도

> 가라사대 그가 자기 영혼의 수고한 것을 보고 만족히 여길 것
> 이라 나의 의로운 종이 자기 지식으로 많은 사람을 의롭게 하
> 며 또 그들의 죄악을 친히 담당하리라   **이사야 53:1-12**

여름의 얼굴은 참 다양합니다. 푹푹 찌는 찜통 같다가도 비가 오면
서늘해져서 긴 소매 옷이 필요합니다. 뜨거운 태양보다 장마철의 끈
적끈적한 기운이 오히려 여름을 더 실감하게 합니다. 무섭게 쏟아지
는 장대비가 지나가면 날은 이내 쨍쨍해지고 산으로 바다로 여행을
가게 만드는 동전의 양면 같은 계절입니다.

비가 내릴 때 오늘이라는 하루를 뚝 떼어 누군가에게 보여 준다
면 아마 오늘이 여름이라고 생각하지 못할 날들도 많을 것입니다.

자연의 순리는 꼭 하나만 고집하지 않습니다. 그런데 사람들은 어
떻습니까? 요즘 기독교의 화제는 목사의 이중직 금지입니다. 목회는
직업이 아니라고 교회법으로 말하더니 이중직 논란이 있는 것으로
보아 목회가 직업이 맞음을 인정하는 것 같습니다.

목회는 분명 생계 수단이 아니지만 그리스도의 계절에도 먹고 살
아야 하는 삶이 동반됩니다. 목사는 제사예배만 지내는 제사장이 아
닙니다. 하느님의 창조 세계에서 손길이 필요한 모든 곳에서 예수님

처럼 행동해야 하는 사람이며, 이 일을 위해 적당한 수입도 있어야 합니다.

큰 교단들은 다른 교단과의 경쟁으로 숫자만을 위한 교회 성장에 주력하지 않는다고 자신 있게 말할 수 있을까요? 교회와 목사의 숫자 늘이기에 정신없었던 한국 교회가 이제 가면을 쓰고 자신들이 강압으로 세우게 한 미자립 교회와 목회자를 책임지지 않고 회피하고 있습니다.

목사의 이중직에 대한 당위성을 찾아야 할까요? 의사가 된 알베르트 슈바이처Albert Schweitzer 목사를 이중직이라고 비판하는 사람은 아무도 없습니다. 그는 아프리카 선교사로 갔지만 설교로만 사람들에게 감동을 줄 수 없음을 깨닫고, 그들에게 제일 필요한 것이 무엇인지 살펴본 후에 의사가 되었다고 합니다.

의사나 교수 같은 좋은 직업군에 있는 사람을 이중직이라고 비방하지 않고, 생계 직종에 대해서만 이중직을 지적합니다. 신학이 머리에서 멈춰 버린다면 오히려 모르는 것이 낫습니다. 잘못된 지식은 사람을 교만하게 만들 뿐 아니라 아무에게도 유익하지 않습니다.

성서에 보면 신이면서도 사람인 이중직의 남자가 있습니다. 이사야의 글을 통해 보면 그는 고난받는 예수 그리스도입니다. 극심한 고난으로 얼굴까지 상해 사람이라고 보기 어려울 정도로 처참합니다.

"그는 멸시를 받아서 사람에게 싫어 버린바 되었으며 간고를 많이 겪었으며 질고를 아는 자라. 마치 사람들에게 얼굴을 가리우고 보지 않음을 받는 자 같아서 멸시를 당하였고 우리도 그를 귀히 여기지 아니하였도다."

사람들이 내칠 정도로 초라한 모습입니다. 그분은 왜 고난을 받았을까요? 이사야를 통해 그 의의가 다음과 같이 기록되어 있습니다. "그는 실로 우리의 질고를 지고 우리의 슬픔을 당하였거늘… 그가 찔림은 우리의 허물을 인함이요 그가 상함은 우리의 죄악을 인함이라. 그가 징계를 받음으로 우리가 평화를 누리고 그가 채찍에 맞음으로 우리가 나음을 입었도다."

무슨 뜻입니까? 예수님께서 우리가 우리 죄의 대가로 받아야 할 고난과 질고와 찔림과 상함을 대신하여 징계와 채찍을 맞아 주셨다는 것입니다. 내가 그렇게 당해야 하는데 주님께서 우리 대신 끔찍한 고통을 당하셨다는 것입니다.

"그가 징계를 받음으로 우리가 평화를 누리고 그가 채찍에 맞음으로 우리가 나음을 입었도다."

그 대가로 우리는 평화를 누리고, 나음을 입어 이른바 구원을 얻었다는 것입니다.

"우리는 다 양 같아서 그릇 행하여 각기 제 길로 갔거늘 여호와께서는 우리 무리의 죄악을 그에게 담당시키셨도다."

우리는 모두 다 양 같아서 그릇 행했다고 합니다.

사람들은 자신의 생활 습관이 옳다고 생각하지만, 우리는 다 양 같아서 고집 부리며 자기 길로만 가려고 해서 사는 방법이 그릇되기 쉽습니다. 감사할 줄 모르고, 감격할 줄 모르면 십자가의 주님 앞에서도 오만무도할 수밖에 없습니다. 이는 우리의 또 다른 죄입니다. 예수님께서는 이같이 고난받으셨습니다.

"그가 곤욕을 당하여 괴로울 때에도 그 입을 열지 아니하였음이여 마치 도수장으로 끌려가는 어린 양과 털 깎는 자 앞에 잠잠한 양같이 그 입을 열지 아니하였도다."

주님은 부당한 곤욕과 심문에도 항변하지 않았습니다. 자기 정당화를 위해 역설하지도, 포악한 자들을 저주하지도 않았습니다. 그저 그 모든 것이 하느님께서 하시는 일이라 여기셨기에 순종하시고 잠잠한 양같이 고난을 받으셨습니다.

'힘이 없어서, 무능해서, 겁쟁이라서' 이렇게 생각하는 사람들은 "네가 메시아라면, 정말 하느님의 아들이라면 이제라도 십자가에서 내려와 너를 구원해라. 그러면 우리가 너를 믿겠다"고 욕과 조롱을 퍼부었습니다.

예수님은 고통 속에 돌아가시면서도 고통을 기억하지 않으시고, 장차 십자가에 매달리는 자신의 공로로 용서받을 백성만 바라보셨습니다. 이 모든 것이 하느님의 뜻을 이루기 위함이었습니다.

왜 주님은 십자가의 고통을 기억하지 않으실까요? 용서받은 우리가 하느님의 자녀로 거듭난 것으로 충분하기 때문입니다. 바울은 고린도후서 5장에서 "누구든지 그리스도 안에 있으면 새로운 피조물이라 이전 것은 지나갔으니 보라 새것이 되었도다"고 했습니다.

하루의 해가 가장 긴 하짓날이 지났습니다. 자연은 낮과 밤의 시간을 고집하지 않습니다. 순리대로 따릅니다. 사람들은 순리를 따르지 않고 무엇이 합리적인가 계속 따집니다.

목회자의 이중직이 문제가 아니라 오늘날의 시대를 읽어야 합니다. 나보다 못한 형제와 이웃을 향해 손가락질하기보다 예수님처럼 고통을 감내하며 다가가서 사랑하기 바랍니다. 이것이 하느님의 섭리입니다. 십자가의 예수 그리스도를 믿고 영접한 우리는 더는 죄인이 아닐까요? 영원히 하느님의 자녀로 남기 위해서는 날마다 거듭나야 합니다. 오늘 어떤 목사가 이웃의 죄를 대신하여 재판받고 감옥에 갈 수 있을까요?

성령강림절이 깊어졌습니다. 자신이 뿌린 씨를 이제는 스스로 거두어야 할 때입니다. 자신 없으면 성령을 놓지 마시고 동행하기 바랍니다. 성령은 언제나 우리와 함께하십니다.

화목하게 살아 봅시다

누구든지 그리스도 안에 있으면 새로운 피조물이라 이전 것은
지나갔으니 보라 새것이 되었도다   **고린도후서 5:17-21**

지금 창밖에 무엇이 보이나요? 우리 교회의 예배당이 삼 층에 있어
서 거리의 사람들은 보이지 않고 하늘이 보일 것입니다.

주위를 둘러보세요. 무엇이 보이나요? 혹시 거울이 있으면 거울
을 한 번 보세요. 없으신 분은 휴대전화 자가 촬영 모드를 이용하면
됩니다.

무엇을 자세히 들여다보게 되나요? 창밖이나 주위는 자세히 보지
않지만, 자신의 모습은 자세히 들여다보게 됩니다. 창이나 거울은 투
명한 유리로 만들어졌지만, 그 유리에 칠을 하면 거울이 됩니다. 그
러면 자기 모습밖에 보이지 않습니다.

우리가 다른 사람과 화목하려면 칠한 것을 지워야 합니다. 자기
마음의 색을 먼저 지우는 것입니다. 색깔론처럼 자신을 고립되게 하
는 것은 없습니다. 투명한 마음으로 나만 보는 것이 아니라 하느님
과 이웃을 둘러보는 시간을 가졌으면 좋겠습니다.

예수 그리스도를 따른다는 것은 그리스도와 화목한 관계를 유지

하는 것입니다. 이 화목은 값싼 다가섬으로는 이루어지지 않습니다. 서로에게 귀한 다가섬이어야 합니다. 또 나아가서 주님께 배운 것들을 이웃에게 전할 때, 전도특공대 같은 공격적인 모습은 피해야 합니다. 한국 교회는 관용 없는 독선이 몸에 밴 상태라 따뜻한 삶을 나누기 어려울 수 있습니다.

어린 시절 저희 가정은 온 가족이 매일 모여 찬송가를 부르며 가정 예배를 드렸습니다. 가요를 모르는 저로서는 찬송가를 신나게 따라 불렀습니다. 그렇게 매일 예배드리는 가정에서 성장했지만, 시절이 변하여 무엇이 바쁜지 목사인 저조차도 가정에서 예배는커녕 다함께 모여 식사하기도 어려운 실정입니다.

시절이 변해도 변하지 말아야 할 귀한 다가섬이 찬양이지만 우리에겐 찬송가보다 달콤한 사랑 노래가 더 많이 불리고 있습니다.

거룩하며 절제된 신앙 문화가 우리 안에 깃든 지 오래되었지만 한 세대도 붙들지 못했습니다. 이는 현실 상황에서 부정될 수 있지만 변명할 수는 없습니다.

주님의 입장에선 손해가 이만저만이 아닐 것입니다. 언론에서 한국 교회의 급격한 쇠퇴기를 진단하여 비판하지만 이도 곧 등을 돌리고 사라져 무관심해질 것입니다.

성서를 보면 엘리바스는 "너는 하느님과 화목하고 평안하라"며 고통 중에 있는 욥에게 충고합니다. 하느님과 화목이 중요합니다. 죄의 담이 하느님과 인간 사이를 분리시켰지만, 하느님은 그 담을 허물고 화해하길 원하셨습니다. 그래서 이 땅에 아들을 보내시고, 우리는 십자가의 보혈을 통해 하느님과 화해할 수 있었으며, 화목을 회복할 수 있게 되었습니다. 또한 하느님은 우리에게 화목하게 하는 직책을 주셨다고 했습니다. 그래서 우리는 하느님과의 화목뿐만 아니라 이웃들과도 화목하게 살아야 합니다. '내가 얼마나 하느님과 가까이 있느냐'가 아니라 '얼마나 내가 화목의 도구로 쓰임 받느냐' 입니다.

하느님의 자녀가 되는 것은 특별한 경험입니다. 하느님의 자녀가 되는 자격이 무엇일까요? 예수님께서 산상 설교를 하실 때, "화평케 하는 자는 복이 있나니 저희가 하느님의 아들이라 일컬음을 받을 것임이라"고 하셨습니다.

하느님이 나를 사랑한다고 해서 그것이 진정한 화목이 아닙니다. 우리도 하느님과 이웃을 사랑해야 합니다. 이웃과 화목하지 못하고 산다면 이보다 더 불행한 일은 없습니다. 이미 우리는 하느님의 자녀가 되었으니 서로 화목하게 살면 됩니다. 그럼 전쟁도 사라지고 미움과 다툼도 물러갈 것입니다.

'다이소'가 돈 버는 비밀을 아시나요? '목표는 작게, 작은 목표가 모여 큰 목표를 이룬다'입니다. 작은 것이 곧 큰 것입니다. 나의 작은 마음 하나를 하느님께, 또 하나를 이웃에게 전해 보세요. 큰마음이 될 것입니다.

화$_火$에 대하여 어떤 이는 분노라고 표현하기도 하고, 어떤 이는 열정이라고 표현하기도 합니다. 기독교대한복음교회 총대인 구민수 목사는 "사람은 누구나 가슴 속에 불$_火$을 가지고 있고, 그 불$_火$을 다루는 모습이 각 사람의 현재를 이룰 뿐이다. 가슴 속 그 불$_火$로 다른 사람에게 화$_火$를 내기도 하고, 막연한 세상에 화$_火$를 내기도 한다. 더러는 가슴 속 그 불火로 자신을 태우는 사람이 있다. 그리고 이 불火은 주변으로 옮기기도 한다. 그렇게 세상을 태워 변혁시키기에 화火가 치밀어 올라 자신을 태워야 한다. 변화變化한 사람만이 주변을 변화시킬 수 있고, 세상을 변화시킬 수 있으니 나를 태우지 못하는 화火는 그냥 화일뿐이다"고 했습니다.

우리가 진짜 분노해야 할 것은 타인의 어떠함이 아니라, 자신의 용기 없음입니다. 진정한 화火로 자신을 조절하지 못합니다. 화를 다스려 하느님으로부터 받은 직책인 화목하는 것을 우선하여 따뜻한 삶을 한 번 살아 봅시다.

주님을 기쁘시게 하는 데 힘써야 할 이유를 알겠지요? 모든 일을 행함에 있어서 화목한 삶을 만드는 것보다 무엇이 더 좋을까요?

힘을 사랑하지 마세요

> 하느님의 진노가 불의로 진리를 막는 사람들의 모든 경건치 않
> 음과 불의에 대하여 하늘로 좇아 나타나나니 이는 하느님을 알
> 만한 것이 저희 속에 보임이라 하느님께서 이를 저희에게 보이
> 셨느니라
>
> 로마서 1:18-19

누군가의 고백을 받고 싶으면 114에 전화하라는 개그 프로그램을
본 적이 있습니다. 전화 속 대화는 누구에게든 상관없이 "사랑합니
다"로 시작됩니다. 개그의 소재로 웃어 버릴 수 있지만, 어떤 사람에
게는 이것이 한낱 우스갯소리로 지나칠 수 있는 이야기가 아닐 수 있
습니다.

언젠가부터 우리는 승무원, 백화점, 홈쇼핑 채널 등 어디에서든
한 번도 본 적 없는 사람들에게 너무나 상냥한 인사와 안내를 받고
있습니다. 지하철 역무원이나 버스 운전기사에게도 '친절'이 제일
우선의 가치가 되었습니다. 처음에는 왠지 모르게 거북하고 어색했
지만, 이제는 당연하게 그런 친절을 받아야 한다고 여깁니다. 조금만
불친절하면 '서비스 정신'을 운운하며 불쾌하다고 화를 내는 정도가
되었습니다.

사회학자 앨리 러셀 혹실드Arlie Russell Hochschild가 1983년에 저술
한 《감정노동》이란 책을 통해 '감정'이 시장의 상품화 자원이 되었

음을 경고했지만, 그 이후로도 상황은 계속 악화되고 있습니다.

"나는 목사입니다." 교회 안에서도 이런 상품을 걸지 않으면 살아남지 못하는 종교가 되어 은혜롭지 못한 우스운 풍경이 되었습니다. 예수님이 말씀하신 평화와 자비와는 너무나 멀리 떨어져 다르게 진행되고 있습니다.

나의 믿음은 어떤 힘을 가지고 있습니까? 힘을 사랑하는 자와 사랑의 힘을 가진 자가 있습니다. 힘을 가진 자가 양심의 거울이 깨어지면, 죄를 짓고도 인정하지 않게 됩니다. 하느님을 알게 되고, 신앙이 생겼어도 사랑의 힘이 아닌 힘을 사랑하면 회개해야 합니다.

힘에 미련이 있습니까? 미련한 마음이란 '신앙적 관념이 잘못될 때 따라오는 필연적 결과'입니다.

선민으로 구별된 이스라엘 백성도 지혜가 부족하여 미련을 떨고, 직분을 권력으로 오인하여 선민이었지만 죄악으로 스스로를 더럽혀 불의로 진리를 막는 민족이 되었습니다. 미련한 마음에 사로잡힌 사람은 하느님을 영화롭게 할 수 없습니다. 하느님 중심에서 자기중심적으로 변하는 것은 순간입니다.

현대 사회에서 제일 힘든 것은 자신이 소속되어 있는 곳에서 쓰임이 끝나는 것입니다. 하느님이 우리를 내버려두시고 쓰지 않으면 우리의 신앙도 아무것도 아니게 됩니다.

주님의 세밀한 음성 듣기를 기도하고 각성하기를 소망합시다. 우리가 미련해지는 것을 깨닫지 못하면, 하느님께 감사하지도 않는 허망한 삶을 살아갈 것입니다.

오늘날 교회가 비방받는 것을 면하는 길은 회개 외에는 없습니다.

여호와께서 내게 준 은혜가 무엇인지 반드시 찾으십시오. 고라의 자손들처럼 변질된 음식을 먹으면 안 됩니다. 하늘의 소망을 갖고 어두움을 떨쳐 버리고 자신을 관리할 줄 알아야 합니다.

하느님의 진노는 불의로 진리를 막는 사람들의 모든 경건치 않음과 불의에 대하여 일어납니다. 즉 신앙의 변절 때문입니다. 나의 고집과 회개하지 않는 불의 그리고 불순종이 변절입니다.

신앙인의 죄악은 자기의 위치와 신분을 악용하여 몸 된 주님의 교회를 어지럽게 하여, 비그리스도인들에게 비방받게 하는 것입니다.

성서는 "하느님을 알만한 것이 저희 속에 보인다"고 했습니다. 그런데 우리는 썩어지지 않는 하느님의 영광을 썩어질 것으로 바꾸어 마음의 정욕에 이끌려 사랑의 힘이 아니라 힘을 사랑하여 서로가 서로를 욕되게 합니다.

신앙이 뜨거웠을 때 경험한 신유와 은사 체험은 특별한 경험이지만 그 은사가 계속되지 않으면 중요하지 않습니다. 날마다 성령의 새로운 열매로 맺어져야 합니다. 사라진 은사를 붙들고 하느님의 진리를 거짓으로 바꾸어 피조물을 조물주로 여기지 맙시다.

교회가 산다는 것은 회개하는 것입니다. 교회가 회개하지 않으면 더 많은 사람이 하느님을 떠날 것입니다. 바벨탑이 무너진 것처럼 우리가 세운 것들이 자연에 의해 힘없이 무너지고 있습니다. 미련한 마음을 고치고 참 믿음을 통해 온전한 신앙의 대열에 서길 바랍니다. 힘을 사랑하지 마세요. 사랑의 힘을 보여 주세요.

착각하고 살아간다

너희가 이 시기를 알거니와 자다가 깰 때가 벌써 되었으니 이
는 이제 우리의 구원이 처음 믿을 때보다 가까웠음이니라

로마서 13:11-14

시인 정호승은 "곧은 나무보다 굽은 나무가 더 아름답다"고 했습니다. "그림자도 굽은 나무가 예쁘고, 눈이 와도 굽은 나무에 더 많이 쌓이고, 새들도 굽은 나무를 찾아와 잠든다"고 했습니다.

함께 사는 세상에서 고통의 무게를 적게 하려면 나무든 사람이든 구부러져야 합니다. 나만 잘났다고 홀로 솟아오르면 그 사회는 병들게 됩니다.

서울의 한 초등학교에서 교사가 학생에게 폭행당한 데 이어, 또 다른 초등학교에서는 교사가 스스로 목숨을 끊은 안타까운 사건이 있었습니다. 이를 통해 우리는 학교가 병들어 있음을 알 수 있습니다. 학교에서 학생이 교사를 폭행하는 사건이 부지기수이고, 교권이 침해당하는 뉴스가 보도되어도 이젠 큰 반응을 보이지 않는 사회가 되어 학교는 매번 무기력함을 호소하고 있습니다.

학생이 문제를 일으켜 부모에게 전화하면, 학생의 부모는 '미안하다. 괜찮으시냐?'라는 말은 한마디도 없이 뭐가 문제냐며 자기 아이

가 민감하다고 오히려 역반응을 보인다고 합니다.

교사의 교육활동을 침해한 학생에 대한 처분을 결정하는 교권보호위원회는 학교봉사, 사회봉사, 특별교육, 전학, 퇴학 등으로 처분을 내릴 수 있지만, 초·중학교는 의무 교육으로 규정돼 있기 때문에 사실상 퇴학은 불가능합니다.

최근 지인의 학교에서 생긴 사건 중 복도에서 두 학생이 말다툼을 해서 교사가 말리며 화해시켰는데, 해당 학생 중 한쪽 부모가 다음날 교사를 상대로 교육청에 민원을 넣었다고 합니다. 이유는 다른 학생을 편애하고 자기 아이를 학대했다는 것입니다. 학생들의 인권을 위해 많은 법률을 제정했지만 이젠 그 학생들로 인하여 고통받는 교권이 안타깝습니다.

성서는 "너희는 피차 사랑의 빚 외에는 아무에게든지 아무 빚도 지지 말라"고 했는데 이는 이웃에게 악을 행치 아니함이라고 했습니다.

밤이 깊고 낮이 가까이 왔음에도 사람들은 그 시기를 보지 않습니다. 한때 탕자였던 어거스틴St. Augustine이 훗날 성자가 될 수 있었던 계기가 된 말씀이 바로 "밤이 깊고 낮이 가까왔으니"라는 로마서 13장의 '시기'에 관한 구절입니다.

사람이 살아가면서 때와 시기를 안다는 것은 매우 중요합니다. 자다가 깰 때가 되었는데 일어나지 못하고 잠만 잔다면 오늘 하루가 어떻겠습니까?

교권이 무너진 시대에 대안을 세우지 못하면 어찌 될까요? 가르치는 실력이 학교 선생님보다 학원 강사들이 더 뛰어나고, 모르는 것은 검색하면 대부분 알 수 있는 시대입니다. 이젠 학교에서는 공부를 가르치는 것도 중요하지만, '어둠의 일을 벗고 빛의 갑옷을 입도록 분별력을 가르쳐야 하는 곳'임을 깨달아야 합니다.

방탕과 술 취함과 음란과 호색과 쟁투와 시기가 미디어를 통해 너무 근접 거리에서 영향을 주고 있습니다. 어둠에서 빛으로 나오려면 성령을 붙들어야 합니다. 어둠에 중독되면 혼자서 나오기 어려운 세상입니다. 올바른 분별력을 세워야 빛에 거할 수 있습니다.

분별력이 있어야 안 할 것은 안 하고, 할 것을 하게 됩니다. 시편 기자는 악인의 꾀를 좇지 않고, 죄인의 길에 서지 않고, 오만한 자의 자리에 앉지 않으려면 주의 말씀을 즐거워하고 주야로 묵상해야 한다고 강조했습니다.

밤이 깊은 시대라 인생의 여로를 찾기 쉽지 않습니다. 앞이 보이지 않을 때에는 버릴 짐을 버리고 질 짐만 지고 가야 합니다. 어두움에 사로잡히면 개인의 사사로운 욕심으로 남을 상하게 해할 수 있습니다. 내 마음이 가벼워야 먼 길을 갈 수 있고, 어려운 동행을 만나면 그의 짐을 나누어질 여력도 있는 것입니다.

한국이 점점 불행해지고 있나요, 점점 행복해지고 있나요? 심리학자 김태형은 "한국은 왜 미래로 나가지 못하는가?"라는 질문에 이같이 말했습니다. "한국인은 무시당하는 것을 제일 무서워한다."

민주 사회가 사상의 자유를 보장하기에 책임지지 못하거나 타인에게 피해를 주는 것까지 자유라고 생각하여 법규를 위반하는 일이 많으며, 이들은 제재를 받으면 무시당하는 것으로 오인해 참지 못합니다. 여기에 색깔론까지 더해져 불행에서 벗어나지 못하는 것입니다.

우리는 착각하며 살아갑니다. 이 착각은 가인이 아벨을 돌로 칠 때도, 가룟 사람 유다가 예수님을 팔 때도 자신이 상대방을 사랑하는 줄 알았습니다. 호미질로 평야를 갈아엎고 있으면서 최선을 다하고 있다고 착각하기도 합니다.

성서는 "오직 주 예수 그리스도로 옷 입고 정욕을 위하여 육신의 일을 도모하지 말라"고 강조합니다. 사랑하면 동등한 입장이 될까요? 사랑은 동등을 이야기하는 것이 아닙니다. 더 많이 사랑하는 사람은 상대에게 양보하게 됩니다. 그래서 상대와 동등하고 싶다면 그건 사랑이 부족한 것입니다. 상대의 짐까지 기꺼이 짊어질 수 있는 사람만이 예수님을 본받은 사람입니다.

문제의 답을 찾으려고 할 때, 모든 문제에 답이 있는 것은 아닙니다. 그냥 놓아두어야 하는 것도 있습니다. 내가 원하는 것만이 답이 아닙니다. 원하는 답만 보지 말고 문제를 자세를 살펴봅시다.

건강하다는 건 뭘까요? 백 미터 달리기를 가볍게 하고, 턱걸이를 많이 하면 건강한가요? 아닙니다. 아프지 않으면 건강한 것입니다.

행복도 마찬가지입니다. 돈과 권력이 있으면 행복한가요? 아닙니다. 괴롭지 않으면 행복한 것입니다. 몸과 마음이 아프지 않으면 건강하고 행복한 사람입니다.

예수님을 믿습니까? 사람들은 그렇게 보지 않는데 나만 스스로 믿는다고 착각하지 마세요. 믿으려면 나도 이웃도 함께 아프지 않게 잘 믿어야 합니다. 그러면 삶도 행복도 다 건강해질 것입니다.

믿음은 사랑에 의해 딸려 온다

예수께서 가라사대 너는 나를 본 고로 믿느냐 보지못하고 믿는
자들은 복되도다 하시니라   요한복음 20:24-29

인간은 고립된 존재가 아니라 사회적 존재입니다. 태어남도 누군가
의 도움에서 시작되고, 성장도 이웃과 사회의 도움을 받아야 합니
다. 그러므로 한 사람의 인간성은 그가 속한 사회의 반영이며 거울
입니다.

신앙도 마찬가지입니다. 나름 신앙생활을 오래 했음에도 주님을
경험하는 영적 체험이 없으면 신앙생활이 무미건조하고 지겨워집니
다. 이웃과의 삶 속에서 주님 만난 이야기를 전해 들어도 부러우면
서도 직접 경험하지 않아서 그 말이 곧이곧대로 믿기지 않습니다.

나의 마음이 예수님을 믿지 못해 교회를 떠나는 것이 아니라 뜨
거운 신앙 경험이 없어서 신앙이 옅어지는 것입니다. 신앙도 도움을
받아야 합니다. 물론 홀로 성령 체험으로 뜨거워질 수 있지만 성서
를 읽고, 기도와 찬양과 실천을 통해 예수님을 믿어야 사랑할 수 있
는 신앙을 소유하게 됩니다.

우리의 삶은 주변의 사람들과 맺어 온 인간관계로 인격이 형성됩

니다. 그래서 우리가 속한 사회 공동체가 바른 모습을 갖지 못하면 인격이나 신앙을 바르게 세우기 어렵습니다. 잘못 인식된 사회 규정 또한 우리를 틀에 가두어 선택에 어려움을 줍니다. 한 여성의 이야기입니다.

저는 서울대를 졸업하고 미국에서 석사 학위를 받고 한국으로 돌아왔습니다. 풍족한 건 아니지만 아버지가 의사라 어려움 없이 자랐습니다. 한 남자를 좋아하는데, 그는 고졸로 현재는 무직이며 정치를 하고 싶어합니다. 몇 번 선거에서 떨어지고 지금은 무일푼으로 월세방에서 가족과 함께 살고 있습니다.

홀어머니는 편찮으시고, 시누이는 심장이 건강하지 않아 결혼하면 함께 살아야 합니다. 또 그 남자는 사별을 했으며, 중학생 아들이 두 명 있는 재혼이고 저는 초혼입니다. 저는 그를 사랑하는데 가족뿐만 아니라 주변 사람 단 한 사람도 결혼을 반대 하지 않는 사람이 없네요. 인물 됨됨이는 정말 훌륭한데… 그는 제가 필요하고 가족들을 돌봐 주길 원합니다. 그리고 저를 사랑한다고 합니다. 이 결혼 괜찮을까요?

결혼 후 이 여인의 남편은 사형선고를 받게 되고, 사형선고를 받은 남편에게 수백 통의 편지를 보내는 비련의 여인이 됩니다. 하지만 그녀의 편지 첫 글은 언제나 '존경하는 당신에게'로 시작됩니다. 바로 《사랑한다면 그럼에도 불구하고》의 저자 고 김대중 전 대통령의 부인 이희호 여사의 이야기입니다.

그녀는 '나는 당신의 선한 성품과 진실하게 살려고 피나는 노력을 하는 당신을 존경하는데' 삶이 너무나 힘들어서 '하느님은 왜?' 하고 물어 봅니다(1980년 11월 21일). 그녀는 포기하지 않고, 자서전 《동행》에서 남자는 자신을 믿어 주는 여자를 위해 여자가 인정해 주는 만큼 성장한다고 말했습니다. 자신의 결정을 의심하지 않은 가녀린 한 여인의 삶이 이 땅에 선한 열매를 맺게 했습니다.

예수님의 제자 중 디두모라 하는 '도마'는 부활하신 예수님이 제자들을 찾아오셨을 때, 그 자리에 없었습니다. 그래서 그는 제자들의 말을 믿지 못했습니다. 그는 "내 손가락을 그 못자국에 넣으며 내 손을 그 옆구리에 넣어 보지 않고는 믿지 아니하겠노라"고 말하여 의심 많은 사람의 대명사가 되었습니다.

그런데 그가 예수님께서 부활하셨다는 사실 그 자체를 불신했을까요? 도마는 자기 혼자만 부활하신 주님을 만나지 못했다는 너무나 실망스럽고 서운한 상황에서도 끝까지 공동체를 떠나지 않았습니다. 부활하신 주님을 만나고 싶은 간절함이 있었기 때문일 것입니다.

도마는 예수님이 반대자의 손에 붙잡히던 지난날, 두려움에 혼자 살겠다고 도망치고, 십자가에 못박혀 돌아가시던 그 자리에도 가지 못했던 자신의 비겁함을 용서받고 싶었을 것입니다.

예수님은 여드레 후 도마와 제자들을 찾아오셔서 "너희에게 평강이 있을지어다 하시고 도마에게 이르시되 네 손가락을 이리 내밀어 내 손을 보고, 네 손을 내밀어 내 옆구리에 넣어보라. 그리하고 믿음 없는 자가 되지 말고 믿는 자가 되라"고 말씀하셨습니다. 이에 도마는 이같이 고백합니다. "나의 주시며 나의 하느님이시니이다."

무엇을 잃어 본 적이 없으면 다시 얻을 긍휼의 가치를 잘 모릅니다. 도마는 그의 고백으로 따르는 믿음을 넘어 주님의 뜻을 맡길 수 있는 제자가 되었습니다.

믿음은 사랑에 의해 딸려 옵니다. 사랑은 눈에 보이는 증거로 확인해서 믿는 게 아니라, 온전한 믿음으로 느끼고 누리는 것입니다. 그리스도 공동체 안에서는 우리 사회에서 가장 보잘것없어 보이는 힘없는 사람들도 믿음으로 강하게 변할 수 있습니다. 내가 비겁하고 나약해서 아무것도 할 수 없음이 아니라 사랑이 부족해서입니다.

부족한 은사를 간구하기 바랍니다. 은사의 원천은 성령이며, 분명 나에게 하느님 나라의 확장을 위해 주신 은사가 있습니다. 이는 모든 사람의 유익을 위함입니다. 어느 누구도 사적 용도를 위해 은사를 구해서는 안 됩니다. 은사는 모두를 위한 것입니다.

구관조가 '주여, 믿습니다'라고 흉내 내는 것을 본 적이 있습니다. 구관조는 말을 잘하는 게 아니라 흉내를 낼 뿐입니다. 구관조의 말에 누가 감동을 하고 따르겠습니까? 말만 잘하는 설교자에게 어떤 생명이 깃들 수 있을까요?

각자 자신의 이기적 욕심으로 남을 이용하거나 착취해서는 안 됩니다. 받은 은사에 따라 서로 인간다운 삶을 실현하고 모든 사람이 사람답게 살며 서로 존경하며 사랑하게 되는 평화의 세상을 위해 활동하기 바랍니다. 어떤 세상을 꿈꿉니까? 믿음은 흔들리지 않는 사랑에 의해 그 세상을 이루게 합니다.

새사람을 입으라

나는 마음이 온유하고 겸손하니 나의 멍에를 메고 내게 배우라
그러면 너희 마음이 쉼을 얻으리니 **마태복음 11:23-30**

요즘 테러 예고, 살인 예고로 한국 사회가 몸살을 앓고 있습니다. 살인 경고를 보낸 사람 중에 초등학생이 많다는 뉴스를 보고 깜짝 놀랐습니다. 장난이라고는 하지만 '철부지'의 행동으로 넘길 일이 아닌 것 같습니다.

철부지는 철들지 못한 어린이와 같은 사람을 지칭합니다. '철'이란 사회 안에서 자기 행동에 책임을 지고 지켜야 할 도리를 가리키는 말입니다.

예수님은 저주받은 도성 가버나움에게 "내가 하늘에까지 높아지겠느냐 음부에까지 낮아지리라" 하신 후 "심판 날에 소돔 땅이 너보다 견디기 쉬우리라"고 하셨습니다.

상황에 걸맞게 행동하지 못하는 이들을 보며 '철 좀 들라'고 경고하신 것입니다. 그런데 경고하신 후 "이것을 지혜롭고 슬기 있는 자들에게는 숨기시고 어린 아이들에게는 나타내심을 감사하나이다"라고 하셨습니다.

무슨 뜻일지 곰곰이 생각해 보았습니다. 지혜롭고 슬기로운 사람들은 주변에서 인정받는 사람들로 존중받고, 마음만 먹으면 하느님 뜻에 맞는 선한 영향력을 널리 퍼뜨릴 수 있습니다. 그런데 주님은 안타깝게도 그렇게 보시지 않았습니다.

그들은 사람들이 잘났다고 인정해 주니까 자기가 정말 대단한 사람이라는 착각에 빠져 교만해진 것입니다. 그래서 자신들을 특별 대우 하지 않으면 자기를 무시한다고 여기고 앙심을 품습니다. 대부분의 현대 사회 범죄는 이 앙심 때문에 일어납니다. 다른 사람들의 말에는 귀 기울이지 않고, 자기 뜻만 강요하는 오만과 독선에 빠진 사람들입니다. 상대적으로 더 좋은 조건에서 더 많은 것을 누리면서도 실상은 '하느님 나라'를 누리지 못하는 안타까운 사람들입니다. 반면 철부지 같은 어린아이들은 별 볼 일 없고, 부족하지만 주님의 가르침을 있는 그대로 받아들이기 쉽기에 감사하신 것입니다.

이익을 계산하거나 이해관계를 따지지 않고, 주님의 말씀과 뜻을 겸허하게 받아들일 수 있는 사람이 되어야 합니다. 예수 그리스도가 누구인지를 알고 마음에 주님으로 모신 사람은 지혜로운 사람이 아니라 겸손하고 온유한 사람입니다. 그래서 주님께서는 "나는 마음이 온유하고 겸손하니 나의 멍에를 메고 내게 배우라"고 하신 것입니다.

자신을 머리로 아는 사람들은 아무것도 달라지지 않습니다. 주님의 마음과 뜻을 알고, 나 자신이 그에 맞도록 달라지는 사람이 될 수 있어야 비로소 하느님의 섭리를 보고 따르며 살게 됩니다.

섭리를 따르며 산다는 것은 그리스도 안에 사는 삶입니다. 그리스도와 함께하는 삶은 앙심이 아니라 감사와 순종이 있는 삶입니다. 예수 그리스도 안에 뿌리를 깊게 내리고 반석 위에 지은 집처럼 튼튼히 세워 가르침 받은 대로 믿고 감사하는 생활을 합시다.

세례받은 삶을 살아야 합니다. 세례는 단순히 의식을 의미하는 것이 아닙니다. 우리가 물속에 들어갈 때 그리스도의 죽으심과 연합하여 죽고, 물에서 나올 때 그리스도의 다시 사심과 연합하여 그리스도 안에서 다시 사는 것입니다.

다시 살아가는 삶은 어떠한 주장이나 주의에 구애받지 않아야 합니다. 그리스도 안에서 산다는 것은 어떠한 진영논리에 치우치지 않고 머리 되신 그리스도를 따라 성장해 가는 생활입니다.

예수 그리스도는 우리에게 새 삶을 알려 주셨습니다. 선은 만족할 줄 앎이고, 악은 채워지지 않는 굶주림입니다. 그래서 바울은 땅에 있는 것을 생각하지 말고 위에 것들을 생각해야 한다고 했습니다.

땅에 속한 것들은 탐욕과 앙심을 품게 되는 격한 분노와 부끄러움을 모르는 말과 거짓된 것들입니다. 그리스도로 말미암아 철이 든 사람이 되려면 이러한 것들을 버려야 합니다.

성서는 "새사람을 입으라"고 합니다. 마치 헌 옷을 벗어 던지고 새 옷을 입는 것처럼 이전의 죄와 습관을 벗어 던지고 하느님의 형상을 따라 지식에까지 새로움을 입으라는 것입니다.

지혜와 슬기의 반대는 철없는 어리석음이 아니라 혼돈입니다. 이 혼돈은 선과 악을 섞어 무엇을 해야 하는지, 무엇을 하지 말아야 하는지 구별하지 못하게 합니다.

누구에게나 다 있는 삶의 신념이 지울 수 없는 인생의 흔적이 될 수 있습니다. 시간이 지난 후 옳고 그름을 판단하지 말고, 혼돈에서 벗어나야 합니다. 보편타당한 삶이 어찌 보면 우리가 꿈꿔야 하는 삶이고 이루어야 할 과제입니다. 특별하지 않아도 아름다운데 이 단순 명료한 것을 철들지 못해 모르고 살아갑니다. 감사를 모르는 삶은 마음에 쉼을 얻기 어렵습니다.

항상 일이 잘되길 바라나요? 이는 어떤 일이 항상 안 되는 것만큼 어려운 것입니다. 생각을 계속 움켜쥐고 고민하지 말고, 주님께 터놓으세요. 나에게 순탄하지 않은 것들이 주님에게로 가면 일반적인 것으로 변할 수 있습니다.

주님께서는 "내 멍에는 쉽고 내 짐은 가벼움이라"고 하셨습니다. 회개하지 않는 두로와 시돈 같은 도시에서 멍들지 말고, 멍에가 어렵고 짐이 무거우면 "다 내게로 오라"고 하신 주님께로 가서 쉼을 얻어야 합니다.

몸이 울면 땀이 눈물처럼 난다고 합니다. 올여름 폭염에 경험했지요? 돌을 던지면 물의 깊이를 안다고 했으니 힘들면 주님 앞에 가서 돌을 던져 보고 울며 눈물을 흘립시다. 주님은 "다 내게로 오라" 하셨으니 분명 해답을 찾게 해주실 것입니다.

가장 건강한 사람은 웃는 사람이라고 합니다. 폭염과 태풍에 힘든 날들이지만 많이 웃는 한 주간 만드세요. 우리의 삶이 웃으면서 버리고 갈 것만 남는 인생이면 참 좋겠습니다.

예수님이 바라는 마음

나는 자비를 원하고 제사를 원치 아니하노라 하신 뜻을 너희가
알았더면 무죄한 자를 죄로 정치 아니하였으리라

마태복음 12:1-8

마음에 머무는 그림들이 있습니다. 비가 온 후 무지개를 만나면 무슨 생각을 하나요? 저는 약속이 떠오릅니다. 사람에 대한 그림, 세상에 대한 그림 속에 하느님의 약속이 중첩되어 보입니다.

무지개는 하늘 속으로 녹아 사라지는 속도가 무척 빠릅니다. 그래서 어찌 보면 꿈결 같은 현상입니다. 무지개가 무엇에든 지친 자신의 먹먹함을 달래 주는 희망의 상징이었으면 좋겠습니다.

평화를 원하지 않는 사람은 없을 것입니다. 아직도 이념으로 나뉘어 살고 있는 우리는 평화를 요구하는 소리를 자주 접합니다. 평화를 추구하는 소리가 높다는 것은 지금 여기에 평화가 존재하지 않는다는 것을 의미합니다.

평화는 휴전이나 전쟁의 끝을 이야기하는 소극적인 것이 아닙니다. 성서가 말하는 평화는 다툼과 정의와 같은 내면적 상태를 넘어 하느님이 하느님으로, 사람이 사람으로 존중받으며 자연과 함께 평등하게 공존하고, 모든 생명체가 본래적 생명력을 마음껏 누리는 것

을 말하는 것으로 높음과 낮음, 있음과 없음, 차별과 억압이 아니라 하느님의 뜻이 사람들을 통해 실현됨을 말합니다.

안식일에 예수님과 함께 밀밭 사이를 지나가던 제자들이 시장하여 가까이 있던 이삭을 잘라 먹기 시작합니다. 하루 종일 예수님을 수행하며 몰려드는 사람들 틈에 시달리느라 제대로 밥 먹을 시간조차 없어서 허기졌을 것입니다. 그런 제자들을 바리새인들이 보고 예수님께 "보시오. 당신의 제자들이 안식일에 하지 못할 일을 하나이다"라고 다그칩니다. 제자들이 안식일에 해서는 안 되는 일로 율법을 어기고 남의 밀밭을 훼손한 잘못된 행위를 문제 삼으며 단죄하려는 것입니다.

유대인들은 닭이 안식일에 낳은 달걀은 먹을 수 없었습니다. 그러한 그들이 보기에 밀 이삭을 잘랐다는 것은 안식일에 추수하지 말라는 규정을 어긴 것이고, 손으로 이삭을 비벼서 먹었다면 타작하지 말라는 계명에 어긋난 것입니다.

그래서 "안식일을 기억하여 거룩하게 지켜라"는 계명을 철저히 준수한다는 명분으로 사람에 대한 하느님의 방향성을 상실한 채, 오히려 사람을 구속하는 걸림돌이 되어 버린 율법에 대해 예수님께서는 예를 들어 이야기하셨습니다.

규정들로 인해 계명의 근본정신과 의미가 사라졌습니다. 예수님은 안식일 규정을 지켰느냐 아니냐 하는 결과보다, 안식일임에도 불구하고 밀 이삭을 잘라 먹을 수밖에 없었던 제자들의 힘든 마음과 속사정을 먼저 보셨습니다.

하느님 뜻의 실현은 단죄하기보다 이해하려고 다가가는 것입니다. 제자들은 안식일의 계명을 몰라서 어긴 게 아닙니다. 배가 고픈 나머지 본능에 끌리어 자신도 모르는 사이에 계명을 지키지 못한 것입니다.

우리가 일반적으로 죄를 짓는 모습이 이와 유사합니다. 타인의 마음을 아프게 하려고 일부러 죄를 짓는 것이 아니라 자신도 모르게 죄를 범하게 되는 것입니다.

다윗과 제사장의 예를 들어 제자들을 옹호하신 예수님은 계명을 어긴 이들을 비난하고 단죄하기보다 이해하고 용서하시며, 다음에는 올바른 선택을 할 수 있도록 이끌어 주어야 한다며 격려해 주셨습니다.

예수님께서 "나는 자비를 원하고 제사를 원하지 아니하노라"고 하신 이유를 알아야 합니다. 즉 안식일은 누구를 위한 것인지, 또 주인이 누구인지 알아야 합니다.

계절이 나누어져 있는 이유는 계절의 변화에 따라서 작물을 심고 가꾸고 꽃을 피워 열매를 맺기 위함입니다. 우리의 삶도 능력과 무조건적인 지킴에 있는 것이 아니라 하느님의 섭리와 은총이 열매로 이어져야 합니다.

좋을 때냐, 나쁠 때냐? 시간의 질과 양을 분별하는 것이 목적이 아니라 자연의 질서 속에서 조화로운 계절이 되어야 합니다. 계절은 변화가 아니라 순환입니다. 사람들이 추구하는 삶의 행복도 순환으로 열매가 맺혀지는 것입니다.

주님의 바람은 무죄한 자를 정죄하지 말라는 것입니다. 분명히 우리의 눈에는 바리새인과 같이 죄인으로 보이는데 주님은 무죄한 자라고 하셨습니다. 우리가 눈을 뜨려면 하느님의 은총을 깨달아야 합니다. 주님은 인간미 넘치는 생활을 원하십니다.

우리는 어떤 일이 생기면 누구를 끌어들여 '그놈 때문에'라고 쉽게 이야기합니다. 계명을 걸고 비판한 후 왜 계명이 생겼는지 과정을 무시하고 결과만 내어놓습니다. 또한 정확한 사정을 모르면서 나와 관계없는 대상의 이야기를 한밤의 야식처럼 맛있어합니다.

성서를 눈으로 본 듯하지 말고 마음으로 읽어야 합니다. 제자들이 밀 이삭을 먹는 것에만 시선을 두면 죄만 보게 됩니다. 반면에 제자들이 안식일임에도 불구하고 왜 밀 이삭을 먹었는지 알아보고 마음으로 생각하면 다른 답을 얻을 것입니다.

이웃의 삶을 눈으로만 본 사람들은 모두 바리새인과 비슷한 생각만 할 것입니다. 단 하나의 이미지만을 주입해서 책망받지 마시고 하느님이 하느님답게, 사람이 사람답게 열매 맺도록 합시다.

예수님의 바람은 네 이웃을 내 몸처럼 사랑하는 것입니다. 안식일의 주인이신 예수 그리스도가 바라는 삶을 그려봅시다. 예수님은 하느님의 약속이며, 우리의 무지개입니다. 하나의 색으로 살지 마시고 빨주노초파남보 무지개처럼 조화롭길 바랍니다.

그의 열매로 그들을 알리라

성서는 "좋은 나무마다 아름다운 열매를 맺고 못된 나무가 나쁜 열매를 맺나니"라고 기록합니다.

자연은 바람의 방향을 스스로 결정하지만, 바람의 방향을 마음대로 조정할 수 있는 사람은 없습니다. 태풍이 불면 그저 그 방향을 지켜볼 뿐입니다. 그런데 바람을 이용하는 사람이 있습니다. 항해자는 배의 돛을 원하는 대로 조정하여 가고자 하는 목적지로 나아갑니다.

자연은 꽃이 피고 지는 일을 결정합니다. 여기에 사람의 지혜를 더하면 그 꽃은 더욱 아름답고 향기롭게 피어나도록 가꿀 수 있습니다 .

어떤 환경에서도 할 수 있는 것을 찾아 나서는 사람이 되어야 합니다. 희망은 쉽게 포기하는 삶이 아니라 더 나은 방법을 찾는 자의 것입니다. 조심해야 할 것은 사람에게는 좋은 선의 열매와 못된 악의 열매가 있다는 것입니다. 예수님은 뿌리는 자와 거두는 자가 함께 즐거워하여 영생에 이르는 열매를 모은다고 하셨습니다. 성령의 아홉 가지 열매(사랑, 희락, 화평, 인내, 자비, 양선, 충성, 온유, 절제)는 대표적인 선의 열매인데. 이 열매 중에 내가 모은 열매는 어떤 것일까요?

열매를 맺기 원하지만 할 수 없다고 쉽게 포기한 적이 있나요? 하느님께서는 우리를 창조하신 후 '참 좋았다'고 감탄하셨으니, 사람은 선한 열매를 맺는 좋은 나무로 창조되었습니다.

하느님께서 나를 만드신 목적과 의도를 알면 절대 악한 열매를 맺을 수 없습니다. 하느님의 뜻에 맞게 살면 자연스럽게 좋은 열매를 맺게 됩니다. 열매 맺는 것은 삶의 행복과 의미에 보람을 더하는 것입니다.

그래서 삶에는 목표가 심겨 있습니다. 힘들고 괴로울 때도 있지만, 자신의 몫을 찾아가는 목표에 도달하는 것이 중요합니다. 또한 목표를 향해 가는 과정도 아주 중요합니다. 적당히 만족하고 안주하려는 것은 받은 달란트를 그냥 땅에 묻어 놓은 어리석은 종의 삶을 반복할 뿐입니다.

시인 한희철 목사는 '문과 벽'이란 시(《하루 한 생각》 2021년)에서 문이 열리지 않으면 그냥 벽이라고 표현했습니다.

"오래 열리지 않는 문은 벽이다. 아무리 모양이 문이어도 실제로는 벽이다."

성경원 사제(성공회)는 자신의 사회관계망서비스SNS에서 "오래 열리지 않는 마음이 그렇듯이 생긴 건 딱 문이고 손잡이도 있지만, 열린 적도 없고 열리지 않는다면 그냥 벽"이라고 했습니다.

문고리 없는 마음을 두드리시는 주님에게 혹시 벽으로 대면하지는 않았나요? 나에게 '벽이 되어 버린 문'은 무엇인가요? 한 시대를 살아가는 이웃에게도 마음을 열지 못하면 나는 '벽'으로 살아가는 것입니다.

가나안으로 가는 길을 벽으로 세우지 마세요. 열리지 않는 벽은 아무 열매도 맺지 못합니다. 이 과정에서 순종하며 기쁨으로 보내지 않고, 배교로 벽을 세우면 그동안 걸어온 모든 과정이 그저 힘들고 괴로운 '고행길'로만 남아 나쁜 열매만 맺게 됩니다.

나는 남들과 다르다는 생각은 이기적이고 나약한 벽입니다. 하느님의 뜻을 거스르는 삶은 좋은 열매를 맺을 수 없습니다. 예수님은 '좋은 열매'를 맺어야 한다고 강조하십니다. 그래서 "천국은 그 나라의 열매 맺는 백성이 받으리라"고 하시며, "열매 맺지 못하는 무화과나무를 불에 던지우라"고 저주하셨습니다. 열매 맺는 일이 얼마나 중요한 일인가를 교훈하고자 하신 것입니다.

정직하지 못한 열매를 맺는 사람은 하느님을 속이는 것이며, 심판 받을 때 아무 가치도 없는 나쁜 열매만 보여 줄 뿐입니다. 어떤 사람들은 높은 지위가 열매인 줄 알고, 가진 재물이 열매인 줄 압니다. 주님 앞에 자랑할 수 있는 열매가 아니라면, 좋은 열매가 아니라 열매를 맺지 못한 것입니다.

어떤 이들은 "사람들이 서로 속이면서 사는데 나 혼자만 정직할 수 있냐?"고 말합니다. 이 말의 뜻을 살펴보면 '남들이 다 망하는 길로 가고 있으니 나도 그 길로 갈 수밖에 없다'는 것입니다. 부정한 방법으로 맺은 열매는 유익이 없으며, 오히려 인간의 탐욕이란 벌레를 먹은 나쁜 열매일 뿐입니다.

주님 앞에서 성실한 삶을 살아갑시다. 성실하게 사는 것은 특별한 노력을 하며 사는 것이 아니라 거짓 없이 사는 것입니다. 또 이웃과의 관계에서 의리를 지키며, 참된 말을 하고, 서로에게 성실하면 하느님 구원의 선언을 듣게 될 것입니다.

무슨 일을 하든지 감사하며

악에게 지지 말고 선으로 악을 이기라   **로마서 12:14-21**

사람들은 타인의 생각을 자신의 것으로 오인할 때가 있습니다. 태어나서 부여받은 언어와 관습조차 대부분 기존에 있던 것이며, 새로운 생각이라고 받아들인 것도 타인의 것일 가능성이 있습니다.

귀가 얇은 사람일수록 들은 이야기를 자기 생각으로 착각하고, 심지어 말하는 방식 또한 내면화하기도 합니다. 내 생각을 밖으로 표출하지 않아도 마음은 감정과 행동을 규정하여 감정의 항아리에 담겨 있는 것이 누적될 때, 상한 마음이 병이 되어 행동으로 나타나기도 합니다.

"선으로 악을 갚으라"는 말씀이 있습니다. 악을 선으로 갚는 것은 아무나 할 수 있는 일이 아닙니다. 오히려 선을 악으로 갚는 사람들이 흔히 보이는 세상입니다.

자기 생각과 행동을 정돈할 수 있는 사람은 얼마나 될까요? 나는 어느 수준에서 살아가고 있을까요?

나이트 샤말란M. Night Shyamalan 감독의 〈올드OLD〉라는 영화가 있습니다. 이 영화는 의약품을 만들기 위해 자기 세계에 갇혀 보고 싶은 것만 보며 잘못된 욕망을 실현합니다. 영화를 통해 죽음의 시간에 대한 원인을 알게 될 때, 소름 끼치는 공포가 밀려옵니다.

그렇지만 삶을 승화시키는 사람들도 있습니다. 항상 자신을 다듬고 마음을 선으로 쌓아 가는 사람들입니다. 저는 사람들이 원래 선하다고 생각합니다. 자기 생각을 다듬지 않아 마음에 먼지가 오랫동안 쌓여 더러워졌기 때문에 죄를 짓는 것입니다.

악에 무너지지 말아야 합니다. 악은 희로애락을 타고 스며들어 우리를 시험하고 괴롭혀, 슬픔이나 걱정 따위로 고통을 주며 하느님으로부터 돌아서게 만듭니다. 악은 기본적으로 악이라는 사실을 믿지 않게 합니다. 나의 입에서 이것은 죄가 아니라고 말하게 하는 것입니다.

사탄의 입장에서 보면 최고의 작품입니다. 사탄은 악한 것을 보여 주고, 악을 간접적으로 체험하게 해서 우리로 하여금 경계심을 풀고 악에 빠지도록 합니다.

악한 사건이나 악한 사람 때문에 내가 악해져서는 안 됩니다. 미움받는 시간일지라도 내 마음이 함께 미워하는 마음이 되어서는 안 되며, 세상이 아무리 어두워도 빛과 소금의 직분을 잃어버려서는 안 됩니다.

작은 등대 불빛이 얼마나 큰 역할을 하는지 생각해 보세요. 빛은 소망을 간직하게 합니다. 소망이 없는 사람은 벌써 악에 물든 것일 수 있습니다. 신앙이 흔들리면 낙심이 찾아와 소유하고 있던 선한 마음이 사라질 수 있습니다. 그래서 신앙적 세계관이 확실해야 합니다. 자신의 본분을 항상 잊지 말아야 합니다.

마음이 항상 고요하고 평온한 사람은 없습니다. 내가 해야 할 사랑과 지켜야 할 소망과 가져야 할 믿음이 평온한 삶으로 인도하는 것입니다. 이 세 가지가 악에서 나를 지키는 것입니다. "죄는 미워하고, 죄인은 미워하지 말라"고 했습니다.

예수님께서는 가룟 유다를 보며 "너는 차라리 나지 않았음이 좋을 뻔했다"라고 하시며, 유다의 마음이 악에 붙들려 있음을 불쌍히 여기셨습니다.

죄를 보면서 사람까지 죄인 취급하지 말라는 것은 참으로 어렵습니다. 죄의 심판은 하늘의 몫이라고 하지만 도저히 용납할 수 없는 일들이 참으로 많기에 악을 미워하는 확실한 구별이 있어야 할 것 같습니다.

내가 미워할 수밖에 없는 원수가 생기는 모든 문제를 주님 앞에 맡기고 담대할 수 있나요? 우리가 어떤 문제로 인해 괴로움을 당하는지 알아야 합니다. 주님은 "원수 갚는 것이 내게 있으니 내가 갚으리라"고 하셨습니다. 너무 힘이 들면 하느님의 높은 섭리와 초월적 지혜에 의존하고 온전히 그분의 인도하심에 맡기기 바랍니다.

원수 갚는다고 덫을 놓으면 그 덫이 나에게로 돌아옵니다. 못된 버릇 고치려다 내 버릇이 나빠지고, 나쁜 사람 욕하다가 내가 나쁜 사람이 되는 것입니다.

로마서 12장의 가르침인 "악에게 지지 말고 선으로 악을 이기라"는 우리에게 너무나 어려운 말씀이지만 따를 수 있도록 최선을 다해야겠습니다. 정의를 위한다고 하지만 극단으로 빠질 수 있습니다. 모든 사건 속에서 하느님의 경고와 교훈을 찾아 내가 해야 할 일을 찾읍시다.

악한 세상입니까, 선한 세상입니까? 우리가 조그마한 빛이라도 비추고 빛의 역할을 감당하면 밝아질 것입니다. 많은 곳에서 주님의 자녀들이 올바른 모습으로 청지기의 사명을 감당하길 기도합니다.

예수님의 십자가를 항상 바라보기 바랍니다. 그분은 십자가에 못 박혀서도 "아버지여 저희를 사하여 주옵소서. 자기의 하는 것을 알지 못함이니이다"라고 기도하셨고, 조금도 낙심하지 않으셨기에 "너희가 환난을 당하나 담대하라. 내가 세상을 이기었노라"고 하셨습니다.

승자는 앞을 보고, 패자는 뒤를 돌아본다고 했습니다. 하느님이 계시기 때문에 우리는 하느님 앞에 있습니다. 올바른 일을 할 때, 그 일이 보람되고 즐거울 수 있습니다.

원수와 악을 돌아보기보다는 은혜와 사랑을 확인하면서 하느님께 감사합시다. 내가 무슨 일을 하든지 감사하며, 이 일을 통해 나는 기쁨을 찾고 하느님은 축복을 하실 것입니다.

창조절

정의와 평화가 흐르게 하라

오직 공법을 물 같이, 정의를 하수 같이 흘릴찌로다 **아모스 5:24**

자연의 순리로 우주 만물을 삶의 터전이 되게 하신 하느님은 참 미쁘십니다. 낮에는 햇빛으로 밤에는 별빛으로 일하게 하시고 쉬게도 하시니 어찌 감사하지 않을 수 있습니까? 또한 예수님은 "너희는 세상의 빛이라"고 우리를 햇빛과 별빛보다 더 강조하셨습니다.

내 손안에 있는 작은 쓰레기도 함부로 버려서는 안 되는 것이 상식입니다. 그런데 바다가 오염되고 있습니다. 무책임한 오염수 해양 투기가 하루 속히 중단되고 보다 생태적이고 지속 가능한 방식으로 전환될 수 있기를 간절히 바랍니다.

지난주에 한정수 교우가 밴드에 올린 글에서 프랑스 시인이자 극작가인 에드몽 로스탕Edmond Rostand이 자기 아내 로즈몽드 제라르Rosemonde Gérard를 향해 "어제보다 오늘 더, 그리고 내일보다는 덜, 매일매일 당신을 더욱 사랑합니다"라는 부분을 읽고 뭉클했습니다.

사람뿐만 아니라 하느님의 창조 세계의 모든 것이 어제보다 오늘이 그리고 내일이 더 아름답게 지켜져야 합니다. 오랜 세월 동안 우리는 창조 세계를 이윤추구를 위한 도구로 삼아 부당한 것을 외면한 채 작은 편리와 이윤을 위해 짓밟았습니다. 어쩌면 이는 창조주 하느님을 향한 '죄'입니다. 이러한 때에 교회가 해야 할 가장 중요한 사명은 탐욕에서 돌이켜 생태 정의를 이루기 위해 온 힘을 다하는 것입니다.

자연의 질서는 창조의 질서이기에 그 중심에 하느님이 계십니다. 이를 지키기 위해 그리스도인들은 자기의 할 일을 위해 신앙으로 무장해야 합니다. 삶의 현장에 부딪치는 문제들을 해결하려면 바른 신앙이 필요합니다. 그리스도인들의 신앙은 교회의 중요성을 알려 주는 것뿐만 아니라 '참으로 아름다웠도다'라고 자신의 창조물에 감탄하신 하느님의 작품을 지키는 마음입니다.

올해 창조절 주제는 '정의와 평화가 흐르게 하라'입니다. 아모스는 "너희는 다만 공의가 물처럼 흐르게 하고, 정의가 마르지 않는 강처럼 흐르게 하여라"고 외쳤습니다. 그래서 우리는 정의와 평화의 강에 합류하고, 기후 정의와 생태 정의를 받아들여 목소리를 내야 합니다.

지금은 우리의 기도와 삶이 피조물을 위한 정의의 노래가 되어야 합니다. 절망보다 희망을 노래합시다. 후쿠시마 오염수로 인한 피해를 아직 아무도 경험해 보지 않았습니다. 하지만 많은 양을 오랫동안 방류하면 분명히 생물 다양성에 피해가 있을 것입니다. 이에 무관심으로 일관해서는 안 됩니다.

사막은 비가 내리지 않는 이상 시냇물이 흐르지 않습니다. 창조 세계의 청지기인 사람들의 가슴이 사막처럼 메마르면 지켜야 할 지구는 병들게 됩니다. 창조의 예식을 갖고 정화에 참여해야 합니다.

예수님은 당신이 살고 있는 사회를 향해 노아의 때와 같다고 책망하신 적이 있습니다. 그때처럼 오늘 우리 사회가 너무나 불의하고 타락한 것은 물론 창조 세계마저 중병으로 신음하고 있습니다.

하느님께서는 우리가 모두 행복하게 살도록 아름다운 세상을 만들어 주셨습니다. 그러나 사람들은 아름다운 것을 가꾸지 못하고 오히려 오염시키고 있습니다. 우리가 의롭게 산다는 것은 하느님의 창조 섭리를 지키고, 이 세상을 다시 아름답게 만드는 것입니다.

인간은 지혜로운 것 같지만 한 치 앞도 내다보지 못합니다. 하느님께 전부를 맡기고 죽음과 생명에 대한 모든 파괴적인 행위를 멈추고 지금부터라도 청지기 사명에 충실해야 합니다.

하느님께서 노아의 가족만 선택하여 구원하실 것으로 생각하나요? 하느님께서 나의 가정을 선택하신다면 노아처럼 산꼭대기에 올라가 방주를 만들 용기는 있나요? 이제는 하느님도 그렇게 하시지 않습니다. 하느님께서는 심판의 방법을 택하지 않으시고, 그리스도를 보내시어 우리를 믿음으로 구원을 얻게 하셨습니다.

우리의 희망이신 예수 그리스도를 중심으로 평화와 사랑, 용서와 은혜가 정의를 세우며 살아가는 세상입니다. 우리는 창조주 하느님의 영광을 비추는 모든 피조물의 소리에 귀를 기울이고, 이웃을 돌보며 사랑을 나누도록 초대되었습니다. 멀리서 들리는 희망이 담긴 세상이 아니라 바로 곁에서 경험하는 아름다운 세상을 함께 만들어 갑시다.

하느님의 창조 세계를 지키려다 나와 생각이 다른 사람들을 만나면 다투기 쉽습니다. 아직도 마녀사냥처럼 빨갱이라고 외치는, 나와 생각이 다른 사람을 설득하기는 무척 어렵습니다. 같은 생각이 아니라도 내 감정을 우선시 하지 맙시다. 순종이 나의 기분과 감정보다 중요합니다. 힘들어도 우리의 사랑이 예수님과 같아질 수 없으면 사랑이 아닙니다.

예수님은 "새 계명을 너희에게 주노니 서로 사랑하라. 내가 너희를 사랑한 것 같이 너희도 서로 사랑하라"고 하셨습니다. 여기서 '내가 사랑한 것 같이'에 주목해야 합니다. 주님의 새 계명은 '내가 사랑한 것 같이 너희도 사랑하라'는 것입니다. 예수님께서 하신 사랑은 어렵지만 어렵기 때문에 자신을 따르는 제자들에게 새 계명으로 주신 것입니다.

탐욕의 길을 돌이켜 생명의 길을 선택하길 기도합시다. 바다는 그저 활용할 수 있는 대상이 아닙니다. 온 세상이, 바다와 땅과 하늘이 생명과 연결되어 있음을 기억해야 합니다.

생명의 물이신 주님은 누구든지 목마르거든 내게로 와서 마시라고 하셨습니다. 새 계명을 받은 사람들이 죽음의 물을 선택하면, 주님의 계명을 저버리고 죽음의 배후가 됩니다.

방사능 오염수만 죽음의 물이 아닙니다. 죽음의 물 배후에는 편리하고 부유하게 살고자 하는 욕망이 있습니다. 이 욕망으로 도시를 건설하고, 공장과 건물을 짓고, 위험한 핵발전소까지 세웠습니다. 이러한 곳들에서 엄청난 쓰레기와 오염수가 흘러나오고 있습니다. 결국 우리가 바로 죽음의 물이 흘러나오는 근원입니다.

욕심에 사로잡혀 사는 사람들에게서 나오는 죽음의 물 때문에 약한 이들이 생명의 위협을 받고, 말 못 하는 동식물들이 죽어가고 있습니다. 지구가 병들어 죽음으로 몰리는 상황이 오늘 우리가 처한 불의한 현실입니다.

하느님이 바라보실 때 무엇이 아름다운 세상인지, 무엇이 광야에서 40년 동안 먹었던 샘물인지 돌아보아야 합니다. 이제 더는 하느님께 생명의 물을 달라고만 하지 말고 스스로가 활천活川이 됩시다.

합력하여 선을 이루느니라

우리가 알거니와 하느님을 사랑하는 자 곧 그 뜻대로 부르심을
입은 자들에게는 모든 것이 합력하여 선을 이루느니라

로마서 8:26-30

가을비가 자주 내리는 요즘입니다. 혹시 어제의 비 때문에 오늘까지 젖어 있지는 않나요? 내일 일기예보에 비가 내린다고 오늘 우산을 펼치는 사람이 없듯 오늘은 맑은 날이 되었으면 좋겠습니다.

어제의 나보다 성장하지 못했다고, 어제의 좋았던 나를 오늘까지 유지하지 못했다고 오늘을 탓하진 맙시다. 처한 상황에 따라 지켜야 할 도리를 '명분'이라고 하고, 어떤 일을 하면서 실질적으로 얻을 수 있는 이익을 '실리'라고 합니다.

하느님은 합력하여 선을 이루라고 하셨는데, 우리는 명분과 실리 사이에서 갈등하는 경우가 많습니다. 어떤 판단을 할 때 명분을 따르자니 실리를 취하기가 어렵고, 실리를 취하자니 명분을 잃게 되는 경우가 있습니다. 명분과 실리를 좇는 것도 중요하지만, 그리스도인들은 선을 이루기 위해 타인과 어떻게 합력해야 할지 먼저 생각해야 합니다.

윌리엄 셰익스피어William Shakespeare 는 오늘 저지른 남의 잘못은

어제 저지른 나의 잘못이라 생각하여 "남의 잘못에 대해 관용하라"고 했습니다. 상대에 대해 나는 얼마나 관용하나요?

상황에 따라 관용의 정도가 다르겠지만 합력하려면 현명한 선택을 해야 합니다. 사람들은 하느님의 뜻인 '사랑과 자비'를 실천하는 것에서도 명분과 실리를 구합니다. 명분과 실리보다는 하느님의 마음을 헤아리는 일이 우선입니다.

기도하는 사람들이 "주여, 당신의 뜻을 내게 알려 주소서"라고 기도하지만, 이미 성서에 주님의 뜻은 다 나와 있는데 모른 척하는 기도가 아닐까요?

하느님의 뜻이 아닌 것들을 걸러내는 율법을 만들어 하느님의 뜻 자체보다 율법을 지키기 위해 서로가 명분을 앞세워 합력하지 못한다면 아무런 실리도 없습니다.

우리는 하느님을 향해 손을 뻗어야 합니다. 하느님께서는 모든 것이 합력하여 선을 이루도록 역사하십니다. 그분의 뜻대로 부르심을 입은 사람들이 합력하면 하느님은 우리의 손을 잡아 선을 이루는 방향으로 이끌어 주실 것입니다.

자신들의 기도가 이루어지지 않으면, 하느님은 아무 일도 하지 않는 분처럼 여깁니다. 어떤 사람들은 "하느님은 죽었는가?" 하고 묻기도 합니다. 하느님을 혀 짧은 하느님, 귀먹은 하느님, 벙어리 하느님이라고 표현한 노래도 있습니다.

예수님께서는 38년 된 병자를 고쳐 주시면서 "아버지께서 이제까지 일하시니 나도 일한다"라고 말씀하셨습니다. 예수님의 이 말씀에서 하느님께서는 천지 창조 이래 지금까지 계속 일하시는 분으로 창조하신 모든 것을 친히 보존하고 통치하시는 일을 쉼 없이 계속하셨다는 것입니다.

하느님은 안식일에도 일하셨습니다. 율법에 갇혀 사람들이 아무 일도 하지 않을 때, 주님과 합력하여 선한 일을 이루셨습니다.

"안식일에 좋은 일을 하는 것이 합당하냐?"

"남을 해치는 일을 하는 것이 합당하냐?"

"목숨을 구하는 것이 합당하냐?"

"죽이는 것이 합당하냐?"라는 예수님의 질문에는 이미 답을 들어 있습니다. 예수님의 질문은 간단했지만, 율법에 얽매여 사는 유대인들에게는 너무나 충격적이고 폭탄적인 질문이었습니다.

예레미야는 하느님을 "일을 행하시는 여호와"라고 불렀습니다. 하느님은 일을 계획하시고, 그 일을 추진하시고, 성취하시려고 실제로 일하시는 분입니다. 인류 구원을 위한 계획과 친히 육신을 입고 오셔서 십자가에 몸소 죽으심도 그분의 행위입니다.

하느님은 함께 일할 동역자를 찾으십니다. 그러니 우리는 손만 뻗으면 됩니다. 하느님께 손을 뻗는다는 것은 하느님의 뜻에 합당한 옳은 일을 실천하겠다는 의지입니다. 믿고 기도하는 자에게 하느님은 '크고 비밀한 일'을 보여 주고 싶어하십니다. 믿는 자와 함께 그 일을 이루어 나가기를 열망하십니다. 그래서 "나의 크고 엄청난 일을 보여 줄 테니 내게 부르짖으라"고 하셨습니다. "하느님을 사랑하는 자 곧 그 뜻대로 부르심을 입은 자들에게는 모든 것이 합력하여 선을 이루느니라"고 하셨습니다. 여기서 모든 것은 '지극히 작은 것'을 포함합니다. 내가 가진 달란트가 적어 고민하지 않기 바랍니다.

보이는 것들과 보이지 않는 것들까지 다 포함하여 어느 것 하나 빠짐없이 다 합력하라는 말씀입니다. 어부의 그물에서 빠져나갈 고기는 있어도, 신비로운 조화를 이루시는 하느님의 섭리에서 빠져나갈 사람은 없습니다.

사람들은 고통에서 벗어나길 원하며, 고통이 피해 가길 기도하지만, '욥'은 참을 수 없는 고통을 이겨내려고 하느님과 합력합니다. 의지가 없는 사람이었다면 끊임없이 이어지는 숨 막히는 일상에서 절망과 환난에 스스로를 포기했을 것입니다.

하느님은 우리가 그분과 합력하기를 포기하지 않을 때, 모든 것을 통치하시므로 악한 것과 죽음과 불행 등에서 선한 결과를 반드시 맺게 하십니다. 어찌하여 나에게 이렇게 가혹한 시련을 주시나 하는 의혹이 일어나면 욥을 생각하기 바랍니다.

합력하여 이루는 선은 내 삶에 하느님이 개입하는 것입니다. 이는 나의 명분과 실리를 위함도 아니고, 세상에서의 성공을 말함도 아닙니다. 하느님의 선이란 '믿는 자가 예수님의 형상을 본받는 것'으로 나도 그리스도와 같은 인격을 소유하는 것입니다.

'하느님의 선'을 유물론적 관념으로 바라보고 세상적 성공이라고 생각하지는 않겠지요? 내 추한 인격을 예수님처럼 바꾸고, 타고난 죄성을 다 벗어 버리는 것이 '선'입니다.

혹시 아직도 명분과 실리를 좇아 세상에서의 성공을 원하나요? 사람들이 섬기는 우상은 다른 종교의 신상이 아닙니다. '하느님은 이런 분일 거야'라고 제멋대로 생각하여 스스로 규정해 놓은 종교적 틀을 바른 신앙으로 착각하고, 하느님을 내 문제와 욕망을 해결해 주는 도깨비방망이로 여기는 것이 우상입니다.

마음을 살피시는 이가 성령의 생각을 알며, 우리가 마땅히 기도할 바를 알지 못해도 성령이 우리의 연약함을 도우신다고 했습니다. 이제 우리는 주님의 형상을 본받기만 하면 영화롭게 될 것입니다. 세월이 흐르고 변해도 그분의 뜻대로 부르심을 입은 자로 늘 언제나 주님 곁에서 서로 합력하는 자가 되길 강복합니다.

열매로 칭찬을 받으리라

고운 것도 거짓되고 아름다운 것도 헛되나 오직 여호와를 경외
하는 여자는 칭찬을 받을 것이라 그 손의 열매가 그에게로 돌
아갈 것이요 그 행한 일로 말미암아 성문에서 칭찬을 받으리라

잠언 31:30-31

오늘은 코로나19 때문에 그동안 드리지 못한 포도원 예배를 4년 만
에 포도나무 숲 아래 모여 어·울림교회와 함께 연합 예배를 드리
고, 예배 후 포도주를 담글 예정입니다.

오랜만에 만난 이웃 교회와 함께하는 이 시간 무슨 생각이 드십
니까? 4년이 지난 후에는 어떻게 진행될까요? 아마도 우리는 함께
포도원으로 모여 연합 예배를 드릴 것입니다.

사람에게는 생각하는 기능이 있습니다. 사람으로 태어난 최고의
가치는 생각입니다. 생각을 열매의 결실로 맺게 하는 사람을 우리는
큰 사람이라 부릅니다. 솔로몬은 "고운 것도 거짓되고 아름다운 것
도 헛되나 오직 여호와를 경외하는 여자는 칭찬을 받을 것이라"고
했습니다. 우리가 무엇을 생각하느냐에 따라 하느님에게 받는 평가
는 달라집니다.

어떤 이는 항상 실재를 생각하고, 어떤 이는 뜬구름 잡는 공상을
합니다. 실재하지 않는 것에 매달리거나 지나간 것들에 갇혀 집착하
는 사람들도 있습니다. 헛된 것을 생각하기도 하는데, 왜 그렇게 생

각이 다를까요?

꿈꾸는 열매가 다르기 때문입니다. 솔로몬은 "그 손의 열매가 그에게로 돌아갈 것이요. 그 행한 일을 인하여 성문에서 칭찬을 받으리라"고 했습니다.

바울은 이 문제를 놓고 고심하며 "오호라 나는 곤고한 사람이로다. 이 사망의 몸에서 누가 나를 건져내랴" 하며 로마의 교인들에게 솔직하게 현재 자기 모습 그대로를 고백했습니다.

우리도 바울처럼 자기 자신을 이제껏 잘못 보았다며 솔직하게 자신의 실체를 이야기할 수 있어야 좋은 열매를 맺을 수 있습니다. 많은 사람은 자신의 존재에 대해 깊이 생각하지 않고, 실패의 원인도 깊이 생각하지 않습니다. 이러한 사람들은 발전이 없고, 언제나 실패 가운데 방황하는 삶을 선택하게 됩니다. 자신의 실패에 대해 깊이 생각한 바울은 이같이 이야기합니다.

자신을 믿었던 것이 잘못이라고 했습니다. 자기에게 모든 기대를 걸었다는 것이 잘못이라는 것입니다. 그는 자기가 아는 자신이 아닌 다른 자기가 뿌리 박혀 있음을 미처 몰랐다고 했습니다. "내가 한 법을 깨달았노니 곧 선을 행하기 원하는 나에게 악이 함께 있는 것이로다." 즉 내 마음속에 다른 악이 깊이 뿌리박고 있다가 이것이 틈만 나면 솟아오름을 인정했습니다.

나를 십자가에 못박지 않으면 고운 것도 거짓이 됩니다. 다 깨어진 줄 알았는데 아직도 남아 있기 때문입니다. 다 태워 버린 줄 알았는데 재가 되지 않은 것입니다. 교만과 욕심이 남아 있어 진실하지 못하면 아름다운 것도 헛될 뿐입니다. 얼마나 이기적인가요? 우리의 모습을 정직하게 인정해야 합니다. 나를 바라보는 하느님 앞에서 여호와를 경외하는지 살펴보아야 합니다.

제자들은 예수님을 위해 직업까지 포기하고, 온 생을 걸어 예수님을 따랐습니다. 하지만 그들은 자아를 버리지 못하여 십자가의 고난이 다가올 때, 예수님을 부인했습니다. 자기를 부인하지 못했기 때문에 예수님을 부인할 수밖에 없었던 것입니다.

내가 나를 붙들고 있으면 그리스도를 붙들 수 없습니다. 자기를 부인할 수 있는 자만이 그리스도인이라 시인할 수 있습니다.

바울은 사람들이 가지고 있는 두 가지 성품, 즉 육체의 소욕과 성령의 소욕을 말합니다. 더러운 것과 술수와 분쟁과 시비와 화를 내고 당 짓는 것 등의 방탕을 이야기합니다.

이런 것들은 어디에서 오는 것일까요? 아무리 애를 써 노력해도 되지 않는 것은, 내가 자기 자신 뒤에서 육체를 조종하기 때문입니다.

성령이 주도하시는 삶을 살아야 합니다. 성령의 인도하심을 따라 사는 인격은 사랑과 희락과 화평의 아름다운 열매들을 맺습니다. 갈라디아서에 보면 "자기의 육체를 위하여 심는 자는 육체로부터 썩어질 것을 거두고, 성령을 위하여 심는 자는 성령으로부터 영생을 거두리라"고 합니다.

성령이 나를 이끌고 있습니까? 아니면 내가 성령을 이끌고 다닙니까? '나'라는 것에서는 어떤 개선이나 최선이 있다고 해도 아름다운 열매를 기대하기 어렵습니다. 육체의 소욕은 곧 썩어질 것 외에는 아무것도 맺히지 않기 때문입니다. 오직 여호와를 경외하는 자가 될 때 열매로 칭찬을 받게 됩니다.

나의 소욕을 버리면 걱정도 사라질 것입니다. 오직 성령에 순종하며 살아갈 때 육체의 소욕을 이기고 육체의 정욕을 이길 것이라고 성서는 분명히 말합니다. 내 손의 열매가 나에게로 돌아올 수 없는 것처럼 불행한 삶은 없습니다. 오늘 우리가 맺을 열매로 여호와께 칭찬받기를 소망합니다.

보물 같은 말, '곰 같습니다'

> 여호와를 경외하며 그 도에 행하는 자마다 복이 있도다 네가
> 네 손이 수고한대로 먹을 것이라 네가 복되고 형통하리로다
>
> 시편 128:1-6

가을은 하늘과 땅과 이웃에게 고마워해야 하는 계절입니다. '고맙습니다'는 '웅족'인 우리의 선조들이 '곰 같습니다'라고 감사의 마음을 전한 말에서 유래되었습니다.

모든 것이 하늘로부터 온 것을 알고, 이웃과 '함께 그리고 더불어' 고마운 마음을 나누어야 신명 난 명절을 보낼 수 있습니다. 추석은 신라에서 처음 시작되어 중국과 인근 나라에 영향을 준 대표적인 우리의 명절입니다. 당나라 838년에 일본인 원인 스님이 중국으로 가는 도중에 일기가 좋지 않아 표류하다가 장보고가 경영하는 적산원에 머물게 되었는데, 그해 8월 15일 자 원인原因 스님의 일기에 신라 전래의 전통 명절이라는 기록이 있습니다.

민족 고유의 명절을 맞이하여 가족이 한자리에 모일 수 있도록 인도해 주신 하느님께 먼저 감사를 드리며, 좋지 않은 일기 속에서도 결실을 이룰 수 있도록 자연 조건을 허락하시고, 땅의 수확만이 아니라 하늘에서도 풍성한 수확을 할 수 있도록 믿음과 헌신의 기회

를 주신 것에 감사드립니다.

기상이변과 전염병, 전쟁 등으로 참으로 변화무쌍하고 예측할 수 없는 변화의 여건 속에서도 우리의 삶을 지켜 주신 하느님께 감사드립니다. 너무나도 많은 시간 동안 주신 은혜에 감사하지 못했고, 교우로서 하느님께 영광을 돌리지 못했습니다. 이제부터라도 믿음의 길로 달려가 선한 싸움을 통하여 하느님의 뜻과 부모님의 소망에 부응하는 자녀가 되어야겠습니다.

올해는 추석이 예년에 비해 일찍 왔습니다. 추석을 글자대로 풀면 '가을 달빛이 유난히 밝아 보기 좋은 날'이라는 뜻입니다. 이렇듯 많은 사람이 추석의 풍요로움을 느끼는 보물 같은 명절입니다.

사람마다 소중하게 생각하는 보물 같은 것이 있습니다. 어느 날 문득 이런 생각이 들었습니다. '내 보물을 누군가 돈 주고 사겠다고 하면 팔 수 있을까?' 제 생각의 결론은 '나는 보물을 절대 팔지 않을 것이다'입니다. 다른 사람들의 객관적인 잣대와 상관없이, 나에게 소중한 보물은 내 삶의 숨결이 고스란히 담겨 있기에 돈으로 환산되지 않기 때문입니다.

성서는 하느님께서 우리를 보물처럼 생각하신다고 말합니다. 성서의 "내 소유가 되겠고"라는 말뜻은 원래 보물을 의미합니다. 하느님께서 우리를 '감춰 두고 혼자만 보고 싶은 아주 소중한 것'으로 삼으시겠다는 의미입니다. 우리가 사람으로 태어났기에, 또 하느님을 믿는 자녀가 되었기 때문에 이미 하느님 앞에 소중한 존재입니다.

하느님이 우리를 소중히 여기신다는 것이 느껴지나요? 그런데 조건이 있습니다. 하느님은 "너희가 내 말을 잘 듣고 내 언약을 지키면"이라는 조건을 제시합니다. 우리가 이미 귀한 자녀들이고, 또 사람으로 태어났기에 천하보다 더 소중한 존재이지만, 하느님의 뜻을 깨달아 언약을 지키고 순종하며 살아야 합니다.

우리가 하느님께 소중한 존재라는 것을 알고 있나요? 하느님은 언제나 사랑이지만, 우리가 그것을 느끼고 알려면, 하느님의 뜻에 순종하는 신앙생활이 우선입니다.

그러면 순종한다는 것은 무엇일까요? 먼저 하느님을 믿는 사람이 되어야 합니다. 바울은 "믿음이 없이는 기쁘시게 못하나니 하느님께 나아가는 자는 반드시 그가 계신 것과 또한 그가 자기를 찾는 자들에게 상 주시는 이심을 믿어야 할지니라"고 했습니다.

순종은 하느님이 살아 계신다는 것을 믿으며, 하느님을 찾는 사람들에게 자비와 사랑을 베푸시는 분임을 알고, 그 하느님을 의지하며 살아가는 것입니다. 하느님과의 언약을 따르는 것입니다. 바로 언약에 대한 순종입니다. '너희는 하느님을 향해서는 이런 사람이 되고, 아내를 향해서는 이런 남편이 되고, 부모를 향해서는 이런 자녀가 되라"는 삶의 가르침입니다.

우리가 즐겁게 지내려는 추석의 풍경이 성서에 집약되어 있습니다. 말씀을 배우고, '어떻게 살아야 하느님을 기쁘시게 할까?'를 늘 생각하며 살아가는 것이 순종하는 삶입니다. 순종에는 헌신이 따릅니다.

공자孔子는 "깨끗한 돌멩이보다 흠이 있는 다이아몬드가 더 낫다"고 했습니다. 홀로 자신만 깨끗한 돌멩이가 되기보다 나에게 흠집이 생기더라도 헌신하는 사람이 되기 바랍니다. 헌신을 통해 하느님의 뜻대로 세공되면, 하느님 앞에서 최고의 기쁨을 누리게 될 것입니다.

이 복된 한가위에 온 가족이 함께 순종하는 은혜로운 변화가 있기를 소망합니다. 우리를 보물처럼 소중하게 여기시는 하느님이 그렇게 여기실 뿐 아니라 우리 스스로 그것을 느끼고 변화된 삶을 살도록 은혜 내려 주시기를 간절히 빌고 원합니다. 그래서 우리가 잘 순종하고, '어떻게 살아가야 할지'에 대해 은혜로 한 걸음 더 가까이 다가섭시다.

"곰 같습니다."

예수님이 예루살렘으로 가시려는 이유

예수께서 승천하실 기약이 차가매 예루살렘을 향하여 올라가기
로 굳게 결심하시고
                                                    누가복음 9:51-56

평화를 기도하는 길을 오래 걸을수록 평화와 멀어지는 세상인 것 같
습니다. 어느 날 갑자기 동지도 자신과 다르다고 판단되면, 별안간
돌변하여 비열하게 대처하는 가볍디가벼운 것이 사람입니다.

사람들은 누군가를 대할 때 그의 입장과 마음을 헤아리기보다 자
기 뜻과 입장을 일방적으로 내세울 때가 많습니다. 자기 뜻이 관철
되지 않으면 상대방을 비난하며 화를 내고, 때로는 거친 언사나 폭
력까지 사용합니다.

자신의 이념을 위해서는 자기 자신조차 얼마든지 철저하게 속일
수 있는 사람들이 많습니다. 이들이 종교인이나 교직자이어도 그저
한낱 불평불만에 사로잡혀 사회 선동을 하면 진영 논리자에 불과합
니다.

사람의 마음을 강제로 하나로 모으면 모을수록 관계는 가뭄에 땅
이 갈라지듯 갈등과 다툼이 더 심해져 참 평화는 점점 더 요원해집
니다. 동조하지 않으면 드러내는 폭력성으로는 민주나 진보를 부르
짖을 수 없습니다. 예수님은 해방과 민주화만을 위해 헌신하신 분이

아니라 용서와 자비를 위해 사랑을 선택하신 분입니다. 예수님께서 승천할 기약이 차갈 때 예루살렘으로 가고자 한 이유를 잘 알아야 합니다.

지난 주간에 서울지방회 임원회를 경인미술관에서 열린 에큐메니컬Ecumenical 문화예술제 관람 후에 시작하기로 해서 인사동에 다녀왔습니다. 에큐메니컬 문화예술제는 신앙과 일상이 교차하는 현실에서 우리가 함께 살아가는 다채로운 나와 이웃, 자연과 세상 이야기를 문화와 예술을 통해 나누는 자리입니다.

에큐메니컬은 인간이 거주하는 온 세계를 뜻하는 헬라어 오이쿠메네Oikoumene를 어원으로 하는데, 이는 역사적으로 그리스도교를 뜻하는 용어이며, 더불어 연대하고 협력하는 것을 의미합니다. 또한 그리스도인과 지구에 살고 있는 모든 생명이 더불어 연대하고 협력하여 아름다운 세상을 향해 함께 꿈을 꾸고, 기쁘게 키워 나가는 생명과 연대의 의미를 담고 있습니다. 그런데 지금 종교를 가진 나라들이 서로 다투며 전쟁 중입니다. 이스라엘과 하마스 전쟁에서 아무것도 모르는 어린아이들이 많이 희생되어서 너무 마음이 아프고 슬픕니다.

예수님이 가고자 하신 '예루살렘ירושלים'의 뜻을 아십니까? 예루살렘은 히브리어로 '평화의 마을'이라는 뜻입니다. 십자가의 길을 앞두신 예수님의 비장한 각오는 평화의 마을에 참된 평화를 알리는 것이었습니다.

예루살렘은 그 이름이 무색하게도 하느님께서 바라시는 참된 평화와는 거리가 먼 도시가 되어 있었습니다. 외부에서는 로마라는 강대국이, 내부에서는 권력을 가진 종교 지도자들이 백성을 억압하여 고통과 신음이 끊이질 않았습니다. 그래서 예수님은 반대자들의 방해와 위협에도 불구하고 잘못된 상황을 바로잡기 위해 예루살렘으로 가신 것입니다.

주님은 세상의 권력자들처럼 강력한 힘을 앞세워 규율로 사람들을 통제하고 억압하는 평화를 원하지 않으셨습니다. 폭력의 또 다른 이름을 참된 평화로 볼 수 없기 때문입니다. 그래서 사람들의 죄를 대신 짊어지고 십자가의 희생을 선택하고 자비와 사랑으로 평화를 이루고자 하신 것입니다. 자기를 내려놓는 순명順命으로 고통을 넘어 모함과 야유, 비난까지 받는 것은 결코 쉬운 선택이 아닙니다.

그리스도의 희생이 결단되는 중요한 시간에 제자들은 어떠했나요? 주님께서 수난과 죽음이 있는 비장한 곳으로 가는 여정인데도 야고보와 요한은 사마리아인의 한 촌에서 마을 사람들이 예수님께서 예루살렘으로 가시는 걸 받아들이지 않자 "주여 우리가 불을 명하여 하늘로 좇아 내려 저희를 멸하라 하기를 원하시나이까?"라고 물었습니다.

우리의 마음은 어떠한가요? 혹시 높은 자리를 원하여 방해되는 사람들을 제거하려고 하지 않나요? 예수님과 함께 동고동락한 제자들조차도 마음이 변화되지 않았습니다. 우리는 어떻게 해야 할까요?

예수님께서 그 방법을 알려 주십니다. 오해와 갈등으로 갈라진 마음의 땅에 이해와 용서의 비를 뿌리고 자비와 관용이라는 거름을 주는 것입니다.

지금 우리에게 가장 필요한 것은 예수님께서 예루살렘으로 가고

자 한 이유를 아는 것입니다. 중요하지 않은 것 같지만 마음을 돌이켜 잘못된 마음을 회개하는 것입니다. 우리는 주님의 용서와 사랑으로 주님의 사람이 되었습니다. 같은 죄인끼리 용서하고 사랑하는 마음이 천국의 나팔 소리입니다.

나와 다름을 틀렸다고 비난하고 밀어내는 옹졸함에서 벗어나, 서로의 다름으로 상대방의 부족함을 채워 예수님이 바라셨던 세상을 함께 완성합시다.

오늘 우리가 드리는 '예배'를 한자로 표현하면 '갖출 예禮', '절 배拜'이지만, 히브리어로는 '아바드עֲבַד'로 '섬김과 봉사'라는 뜻입니다. 진정한 예배는 약하고 소외된 이웃을 섬기며 봉사하고 사랑하는 것입니다.

사람들은 하느님의 뜻을 위해 서로 다투고 전쟁합니다. 그리고 하느님이 계시지 않는 종교 행위에만 열심을 내지만, 잘못된 것을 알지 못합니다.

주님의 말씀이 단비처럼 내리는데 그 맛을 알지 못하고, 빗물을 보지 못하고 빗소리만 듣는 것입니다. 예수님께서 "내 형제 중에 지극히 작은 자 하나에게 한 것이 곧 내게 한 것이다"라고 예배를 정의해 주셨습니다.

예수님께서 예루살렘으로 가신 이유를 잊어서는 안 됩니다. 아바드가 아닌 예배는 모두가 가짜입니다. 주님의 뜻이 평화롭게 이루어지도록 함께 노력합시다.

거기 가면 거기서 할 일을 알려 줄 거야

> 내가 하늘로서 내려 온 것은 내 뜻을 행하려 함이 아니요 나를
> 보내신 이의 뜻을 행하려 함이니라 나를 보내신 이의 뜻은 내
> 게 주신 자 중에 내가 하나도 잃어버리지 아니하고 마지막 날
> 에 다시 살리는 이것이니라   요한복음 6:38-39

무엇을 하고자 하는데 용기가 없나요? "거기 가면 거기서 할 일을 알려 줄 거야"라고 말한 '이냐시오 데 로욜라Ignatius de Loyola'는 가톨릭교회의 수도자이자 예수회의 창설자이며, 가톨릭교회뿐만 아니라 개신교에서도 성인으로 공경받고 있습니다.

그는 가톨릭 개혁 시기에 특출 난 영적 지도자로 돋보였는데, 개신교의 종교 개혁 대응책을 사용하여 가톨릭교회 개혁을 촉진하였고 더 이상의 분열을 막았습니다. 또한 로마에서 윤락 여성과 불량배들의 교정과 자립을 돕기 위한 시설을 운영하며 여생을 보냈습니다.

10월의 마지막 주일은 종교 개혁 주일로 지킵니다. 대부분의 성직자들은 하느님의 일꾼으로 자신을 사용해 달라고 기도합니다. 미움이 있는 곳에 사랑을, 다툼이 있는 곳에 용서를, 분열이 있는 곳에 일치를, 의혹이 있는 곳에 신앙을, 그릇됨이 있는 곳에 진리를, 절망이 있는 곳에 희망을 달라고 기도하고, 서로 사랑하고, 위로받기보다는 위로하고, 이해받기보다는 이해하며, 용서함으로써 용서받으며, 자기를 버리고 죽음으로써 영생을 얻는다고 고백합니다.

그런데 종교는 평화와 희망보다는 전쟁을 선택하고 있습니다. 지금 이 순간에도 전쟁으로 고통당하고 있는 이스라엘과 팔레스타인 땅의 사람들은 갈등과 분열 속에 무고하게 희생되고 있으며, 그들의 탄식 소리가 도처에서 끊임없이 들려옵니다.

이 전쟁으로 민간인들이 피신해 있는 가자 지구의 성공회 알라흘리병원이 공격당해 5백여 명이 넘는 이들이 사망했고, 세계에서 가장 오래된 교회 중 하나이고 민간인 대피소로 사용되던 정교회 성 포르피리우스교회가 공격당해 수많은 순교자와 부상자가 발생했습니다. 이에 대해 한국기독교교회협의회NCCK 실행위원회 회의 중 한국정교회 암브로시오스Αμβρόσιος 대주교는 한국 교회가 국제적 성명서를 발표하고 사회와 국가 차원에서 도와 줄 것을 당부했습니다. 우리의 마음이 전쟁이 일어난 그곳에 가면, 거기서 무엇을 해야 할지 알 수 있을 것입니다.

내 삶을 내 뜻대로 하는 것은 교만입니다. 내가 좋아하고 잘하는 일이라도 교만한 마음으로 예측하고, 기대하는 열정으로 이어지면 위험을 초래합니다. 우리의 삶에서 보다 중요하고 오랜 시간이 필요한 일들은 하느님께서 바라시는 일이 되어야 합니다. 나의 뜻대로가 아니라 그분의 뜻대로 이루어지기를 소망합시다.

분열은 자신의 예측 범위 안에서 자기 마음대로 할 수 있는 일들에 집중하기 때문에 일어나는 것입니다. 이를 잘 알면서도 계속해서 하느님의 뜻을 외면하고 눈에 보이는 현상에만 집착한다면 어리석은 선택을 피할 수 없습니다.

잘못된 것은 분명 개혁해야 합니다. 여기서 다툼보다 평화는 상대방의 마음을 편하게 하는 것입니다. 상대의 마음을 열게 하고 더 가까이 다가오게 만들 수 있는 마음이 보이지 않는 커다란 활력이며 흡인력입니다.

예수님은 자신을 대하는 상대방을 먼저 편하게 해주셨습니다. 그렇게 하려면 상대방이 느끼는 거리감을 최대한 줄여 친근감을 높여야 합니다. 우리가 하느님과 사람 앞에서 다른 사람보다 더 나음을 바라거나 다른 사람을 나쁘게 생각하는 것을 멈출 때, 비로소 거꾸로 뒤집힌 세상이 아니라 형제와 이웃들과 함께 웃으며 살아갈 수 있습니다. 하느님은 평화의 근원이시고 지음받은 사람도 평화입니다. 사람이 하느님과 가까워지려면 내 형제와 이웃에게 평화로워야 합니다.

혹시 나는 능력이 부족하여 평화를 이끌 수 없다고 생각합니까? 염려하지 마세요. 평화가 필요한 곳으로 가면 거기서 할 수 있는 일을 알려 줄 것입니다. 제 지인 중에 아침마다 자신을 위해 기도해 주시는 분이 있어서 힘이 된다고 합니다. 그분의 기도 한 편을 보았습니다.

모두가 가벼워지고, 마음이 가난해지는 계절입니다. 가을이면 독을 가득 품게 되는 숲속의 뱀을 조심해야 한다고 누군가 가르쳐 줍니다. 뱀처럼 살지 말고, 아름다운 영혼의 인간으로 살아야 한다는 묵상이 되었습니다.

주님! 당신께서 창조하신 계절의 섭리대로 계절의 가을과 인생의 가을에 어울리는 청명한 마음과 정신으로 기도하며 사랑하며 살게 하소서.

사랑 가득한 한 주의 시작에 평화가 함께하길… 그래요. 아무리 좋은 음식을 먹고, 아무리 좋은 말씀을 듣고, 아무리 좋은 사람들을 만나고, 아무리 좋은 가르침을 받아도 받아들일 몸과 마음이 열리지 않는다면 아무 소용이 없겠지요. 저는 제가 할 수 있는 만큼 다하겠습니다. 아멘.

또 다른 글에는 용서에 관해 적혀 있었습니다. '용서容恕'에서 '용서할 서恕'는 '같을 여如'와 사람의 심장을 상형화한 '마음 심心'으로 이루어져 있습니다. 용서란 피해자가 가해자에 대한 감정과 태도의 변화를 통한 의도적이며 자발적인 과정이며, 쌓여가는 공격적인 마음, 복수와 같은 부정적 정서를 버려 가해자의 처지와 마음이 헤아려질 때 비로소 이루어집니다.

누군가 나를 위해 기도해 주고, 어렵지 않은 단어들로 구성된 그 기도문을 보면 하루를 시작하기 전에 상처받은 마음이 모두 위로받을 것 같습니다.

주님께서 "저들을 용서해 달라"고 간구하셨습니다. 우리가 살아가는 동안에 다른 사람의 잘못을 이야기할 때가 있습니다. 분명 잘못된 것에는 개혁이 필요하고 반드시 시정되어야 합니다. 하지만 남을 상하게 하는 혀로 형제를 비방하고, 힘으로 제압하고, 율법과 계명으로 판단하는 월권행위를 하지 말아야 합니다.

왜 종교 개혁이 요구되었는지 우리는 잘 알고 있습니다. 그래서 지금도 필요하면 전쟁을 일으켜서라도 개혁되어야 한다고 생각합니까?

주님께 물어 보세요. 그분께 가면 할 일을 알려 주시고, 나를 보내신 이의 뜻을 행하게 하실 것입니다. 다 함께 기도드리겠습니다.

"우리의 연약함 속에서도 희망의 새싹을 틔우시는 주님, 거룩한 땅의 정의와 평화가 회복될 수 있도록 우리에게 자비로운 연대의 정신과 지혜의 영을 내려 주옵소서. 당신의 사랑에 잡혀 우리의 마음이 열리고 우리의 굳어 있는 손이 펴질 수 있기를 기도합니다. 우리를 성령으로 이끄시어 우리를 이웃과 분리시키는 장벽을 넘어서게 하옵소서. 주님, 당신의 백성이 공동의 연약함 속에서 창조적 연대를 이루게 하옵소서. 우리가 바로 지금 여기에서 하느님 나라의 가치를 실현해 나갈 수 있도록 용기를 허락하옵소서. 이 시간 당신께 간절히 구합니다. 우리 주 예수 그리스도의 이름으로 기도합니다. 아멘."

교제할 수 있는 존재가 되다

여호와 하느님이 흙으로 사람을 지으시고 생기를 그 코에 불어
넣으시니 사람이 생령이 된지라
창세기 2:7

창조절이 깊어가고 있습니다. 만추가 지나가고 있는데 떨어진 낙엽 위를 걸어 보았나요? 낙엽을 밟을 때, 낙엽이 흙먼지가 되어 부서지는 소리가 지난 계절 동안 나 이렇게 살았다고 생명의 과정을 영화처럼 보여 주는 것 같습니다.

창세기를 보면 "여호와 하느님이 땅의 흙으로 사람을 지으시고 생기를 그 코에 불어 넣으시니 사람이 생령이 된지라"고 알려 줍니다. 여기서 생령은 히브리어로 '네페쉬 하이'인데, '생명력'을 가리키는 '네페쉬(נֶפֶשׁ)'와 '호흡하다'라는 뜻의 '하이(חַי)'가 결합한 말로 '살아 있는 존재'라는 뜻입니다.

하느님은 사람을 지으실 때 이목구비와 팔다리, 피와 살과 뼈까지 모든 것을 섬세하게 만드셨습니다. 그래서 사람은 흙을 원료로 만든 질그릇과 같습니다. 그런데 하느님께서 흙에 생기를 불어넣어 생령이 되게 하셔서 하느님과 교제할 수 있는 존재로 변화시켰습니다.

기독교에서 이 창조론은 양보할 수 없는 근원입니다. 그래서 인간에게서 생령이 떠나면 하느님의 형상이 사라져 흙으로 돌아가게 됨

을 믿고 따릅니다.

　호주 과학자들이 삶은 달걀의 단백질 구조를 원래대로 되돌려서, 처음 상태의 물렁물렁한 액체로 복구하는 데 성공했다고 합니다. 익어서 딱딱하게 고체로 변한 것이 유정란이 될 수는 없지만 놀라운 기술력입니다. 더 나아가 중국에서는 가짜 달걀을 만든 바가 있습니다.

　이에 정태길 박사는 "혹자는 이것을 보고 과학의 놀라운 발전이라고 반길지 모르겠으나, 나는 아무런 감흥을 못 받았다. 내 입장에서는 곧은 머리카락을 파마약과 고데기로 머리카락의 단백질 구조를 인위적으로 바꿔서 곱슬머리로 만드는 것과 별반 차이를 못 느끼기 때문이다"라고 했습니다.

　그 달걀이 유정란이라고 해도 익으면서 생명력을 잃기 때문에 과학이 아무리 발전해도 생명을 만들어 내지 못합니다. 많은 과학자가 이 생명력에 관심을 가지고 신의 영역에 도전하고 있습니다. 그러나 과학은 한계가 있고, 우리는 하느님 앞에서 겸손해야 함을 잊지 말아야 합니다. 생명은 하느님의 창조 중 가장 큰 선물입니다.

　우리는 개인의 편향성에 대해 배우지 못해서 질문에 편향성이 들어가면 바른 답이 아니라고 생각합니다. 특히 창조론을 이야기하면 "학교에서 진화론을 가르치지, 창조론을 가르치냐?"는 질문에 많은 그리스도인 학생이 대답을 못 합니다.

　사실 성서를 읽지만 이해하지 못할 부분이 참 많습니다. 성서의 무오성에 대해 의견을 내고 반론하는 진화적 창조론자들의 의견에 어떤 답을 제시할 수 있을까요?

성서에 있는 그대로를 받아들이지 않으면 의심스러운 마음만 커져 갑니다. 그렇다고 무조건 믿으라고 대답할 수도 없습니다. 창조론은 개인적 편향성으로 치부될 수 없습니다. 믿을 수밖에 없는 이유를 경험해야 합니다. 넓은 과학적 지식으로는 설명할 수 없는 부분이기 때문입니다. 창조론과 반대되는 다른 이론에 관해서는 다양한 견해를 접하고 서로의 오해를 불식시킬 수 있어야 하고, 자신의 입장을 정확하게 표현할 수 있어야 합니다.

종교가 과학의 결과들을 통해 성서를 해석하고 있습니다. 저는 과학이 성서의 해석을 능가한다고는 생각하지 않습니다. 창조 세계 안에서는 하느님의 활동과 무관한 일은 아무것도 일어나지 않는다고 생각합니다.

언젠가는 하느님이 흙으로 사람을 만들어 생령을 불어넣었듯이 과학이 비생물학적 원천 재료들로부터 생명체를 조립하는 날이 올 수 있다고 생각할 수 있습니다. 영화나 소설을 보면 돌연변이에서 우수한 형질을 갖는 새로운 진화가 일어나고 새로운 형질의 개체가 번성하는 이야기가 나옵니다. 그러나 생명의 기원은 초자연적 사건이기 때문에 이 역시 하느님의 창조적 손길을 벗어날 수 없습니다.

저는 과학자가 아니기에 더 깊은 설명을 하지 못합니다. 《바보와 이단》, 《창조론 대화가 필요해》, 《창조적 대화론》 등의 책을 읽어볼 것을 추천합니다.

솔로몬은 창조주를 잊고 사는 위험을 경계했습니다. 인생의 아침과 한낮에 해당하는 어릴 때와 청년의 때를 이야기하며, 하느님의 심판을 잊지 말라고 했습니다.

솔로몬은 사는 동안 부와 명예 등 많은 것을 이루었지만, 하느님 앞에서 인간적인 생각은 "헛되고 헛되며 헛되도다" 하며 삶을 돌이켜 보았습니다. 하느님 보시기에 중요하지 않은 잉여의 시간은 아무 것도 아닙니다.

우리는 하느님의 작품이고, 그분의 형상대로 지어진 피조물입니다. 그리고 그리스도 안에서 빛의 자녀로 다시 태어난 새로운 피조물입니다. 하느님과 교제할 수 있는 존재가 됨을 감사합시다.

봄샘의 좋은 씨앗

> 씨를 뿌리는 자가 그 씨를 뿌리러 나가서 뿌릴새 더러는 길 가
> 에 떨어지매 밟히며 공중의 새들이 먹어버렸고 더러는 바위 위
> 에 떨어지매 싹이 났다가 습기가 없으므로 말랐고 더러는 가시
> 떨기 속에 떨어지매 가시가 함께 자라서 기운을 막았고 더러는
> 좋은 땅에 떨어지매 나서 백 배의 결실을 하였느니라 이 말씀을
> 하시고 외치시되 들을 귀 있는 자는 들을지어다 **누가복음 8:5-8**

삶은 수많은 처음을 만나는 과정입니다. 오늘 시남 최태용과 봄샘
지동식의 신앙을 이어 갈 신임 권사들의 임직도 처음 만나는 은혜의
과정입니다. 은혜의 과정을 축하드립니다.

은혜란 무엇일까요? 오늘처럼 축복 같은 축하의 분위기와 내 마
음에 쏙 드는 예배 분위기에 취해 기뻐하고 감격의 눈물을 흘리는
것을 은혜라고 하지 않습니다. 은혜는 기획된 공연을 통해 끌어내는
감동이 아닙니다. 하느님의 일하심을 나의 존재와 현실에서 청지기
직분을 감당할 수 있게 해주신 그분의 선물입니다.

오늘 드리는 권사 취임 예배를 그럴싸한 종교 행사로 묻어 두지
마세요. 하느님이 나를 통해 일하심에 대해 감사하는 예배가 되길
바랍니다. 어려운 여건이지만 오늘을 있게 해주신 기쁨을 주님께 감
사하는 것이 은혜입니다.

길가에 떨어져 밟히고 공중의 새들이 먹는 씨앗이 되지 마시고,
바위에 떨어져 습기가 부족하여 말라 버리지도 마시고, 가시떨기 속

으로 들어가 가시와 함께 어울리지도 마세요.

서울복음교회는 봄샘의 밭입니다. 여러분은 좋은 땅에 떨어졌으니 주님의 말씀에 귀를 닫지 마시고 좋은 결실을 맺는 씨앗입니다.

권사란 권면하는 사람이기에 신앙의 이해와 말씀의 문해력이 있어야 합니다. 단순히 쓰고 읽는 리터러시literacy를 넘어 교회 안에서 교우들과 관계의 역량을 높이는 교육과 실천이 필요합니다. 직분을 받았지만 자신의 직분에 대해 이해하지 못하면 부끄러운 어른이 됩니다. 이제는 지금처럼 신앙생활을 하지 마시고, 자신의 신앙에서 의심스러운 부분이 무엇인지 찾아서 먼저 해결하기 바랍니다.

세상에는 잘못된 정보가 참 많습니다. 교회 안에도 잘못 이해되고 있는 정보가 많으니 엉터리 정보를 걸려 내는 권사가 되기 바랍니다. 성서를 깊게 읽고, 방법론자가 아니라 주님의 삶에 대한 명확한 입장과 관점을 소유하기 바랍니다.

은혜가 있는 교회와 은혜가 사라진 교회는 무엇이 다를까요? 은혜가 있는 교회는 먼저 신앙생활을 한 교우들이 새로운 형제자매가 된 교우들에게 오아시스 같은 역할을 하는 교회이고, 은혜가 사라진 교회는 텃세와 정치만 있고 물도 숲도 보이지 않는 사막 같은 교회입니다.

서울복음교회는 봄샘 같은 교회이니 마르지 않고, 솟아나는 활천의 역할을 계속 이어가길 바랍니다. 주님께서 주신 직분을 감당하면서 봄샘의 좋은 씨앗이 되길 바랍니다. 교회에 찾아오는 교우들에게 커다란 활력을 불러일으키고 새로운 힘을 솟아나게 하는 밭을 일구기 바랍니다.

교회에 은혜가 있으면 웃음이 넘칩니다. 무엇을 해도 힘이 들지 않습니다. 헌신을 따로 요청할 필요가 없습니다. 바울은 교우들의 친교를 이야기했는데, 특히 강한 자와 약한 자의 관계를 강조했습니다. 여기서 권사가 해야 할 태도는 서로 생각하는 마음을 싹트게 하는 권면입니다. 신앙을 길러 주는 것은 비난과 공격이 아닙니다. 따뜻한 분위기로 인도하는 것이 바로 권사의 은사입니다.

예수님은 인간관계 속에서 자신을 잊어버리고 스스로 의로운 줄 아는 자들은 구원의 대상으로 삼지 않았습니다. 주님께서 나에게 청지기 사명을 주셨는지 생각해 보기 바랍니다. 신비는 가진 당연한 것을 버리고 소수의 삶을 선택하는 경험이라고 했습니다. 새로운 직분이 생겼다고 신비로운 사람이 되는 것이 아닙니다.

교회에서 덕을 세우길 바랍니다. 권사는 밤하늘의 별과 같아서 방향을 잃었을 때, 그 존재만으로 방향을 알게 하는 빛입니다. 이제 교회에서 빛을 발하여 교우들에게 부활의 다시 만날 소망을 열매 맺게 해야 합니다. 이것이 교회가 하나 되고, 예수님 능력의 실현입니다. 예수님의 든든한 조력자로 임직됨을 축하드립니다.

농부의 기쁨이 있게 하옵소서

> 나는 심었고 아볼로는 물을 주었으되 오직 하느님은 자라나게
> 하셨나니 그런즉 심는 이나 물주는 이는 아무것도 아니로되 오
> 직 자라나게 하시는 하느님 뿐이니라 **고린도전서 3:1-9**

우리는 종종 건망증 때문에 민망할 때가 있습니다. 삶이 점점 복잡해지고 분주해지니 누구나 경험하는 증상입니다. 예수님을 본받고자 하는 사람이 생활 가운데 하느님께 돌려야 할 감사를 잊는다면 건망증을 앓고 있는 것입니다.

주님의 보혈로 내가 일어나고, 나의 눈물을 그분이 받아 주셨는데, 절박한 상황이 해결되면 건망증처럼 감사를 잊어버립니다. 혼자라고 느껴질 때 나의 작은 기도를 들어주시고, 세상의 짐이 버거울 때 짐을 풀어 주신 주님을, 신앙에서 조금씩 멀어져 그리스도인으로서 마땅히 바라보고 나아가야 할 푯대와 목적을 잊어버리고 살아갈 때가 많습니다. 거듭남이 필요합니다.

인도 우화 중에 고양이를 무서워하는 쥐를 한 마술사가 고양이로 변하게 해주었더니, 고양이가 된 쥐는 개를 무서워하고, 개로 변한 쥐는 호랑이를 무서워하고, 호랑이는 사냥꾼을 무서워한다는 이야기가 있습니다.

겁쟁이에서 용기를 내는 거듭난 마음이 없었다면 마법사는 쥐에게 아무것도 해줄 수 없습니다. 우리의 신앙이 죄로 인한 두려움을 극복하려면 일시적인 겉치레보다 마음이 거듭나야 합니다. 우리의 죄를 시인하고 구원의 확신을 그리스도 안에 두어야 반석 같은 신앙이 됩니다.

평안을 경험했습니까? 그렇다면 그 후에도 거듭나는 삶이 반복되어야 변화된 삶에 머물게 됩니다. 불행은 어디서 시작될까요? 자기 존재를 모르는 데부터 비롯됩니다.

요즘 그리스도인들도 부처님 오신 날에만 절에 가는 불교 신자처럼 부활절이나 크리스마스 등 절기에만 교회를 찾는 사람들이 늘어나고 있습니다. 교회에 잘 나오지 않지만, 그리스도의 구원은 놓치지 싫은 것입니다.

사람들은 한세상 사는 것을 아주 대단하게 생각합니다. 하느님의 은혜로 이만큼 사는 것이니 우리가 하느님 앞에서 교만하지 말아야 합니다. 내 앞에 펼쳐진 세상이 내 노력과 수고로 이루어졌다고 착각하면 안 됩니다. 잠시 후에 일어날 자기 생각도 제대로 모르는 게 사람입니다.

고린도교회에 분쟁이 일어났습니다. 분쟁의 원인은 자기중심적인 관점으로 판단하기 때문입니다. 바울은 이를 서로가 이해 능력이 없기 때문이라고 했습니다. 자신의 세계관과 성향보다 각자 받은 은혜를 살펴보아야 합니다.

하느님의 피조물로서 하느님을 위해 자기 존재를 인정해야 서로 협력하고 이해할 수 있고 분쟁이 사라집니다. 하느님의 뜻과 필요대로, 그분을 위해 우리가 존재한다는 바른 인식이 있어야 합니다.

하느님은 나를 통해 무엇을 하고자 하셨을까요? 각자에게 주신 은사가 있습니다. 적성에 맞는 것은 자기에게 가장 알맞은 일과 그 일이 즐거운 것입니다. 이를 종교적 용어로 '은사'라고 부릅니다. 내 게 주신 경륜에 따라 주신 은사를 통해 하느님께서 내게 무엇을 주 셨으며, 나를 통해 이루고자 하는 것이 무엇인지를 진단해야 합니다.

바울은 큰 집에 금그릇, 은그릇, 질그릇 그리고 나무 그릇에 대한 비유를 이야기했습니다. 어떤 그릇이든 주인에게 다 필요하며 쓰임 받는 그릇입니다. 모두가 금그릇일 수 없으며, 각각의 쓰임을 받기 위해 존재하니 잊지 말아야 할 것은 깨끗함입니다. 내게 주신 일을 충실히 감당하기 위해서는 우선 내가 깨끗해야 합니다. 다른 것들을 생각하면 지금 가진 것들을 잃어버립니다.

하느님의 큰 뜻 앞에서 내가 맡은 부분을 생각하며 그 일에 충실 하면 되는 것입니다. 씨를 뿌리는 자도 있고, 물을 주는 자도 있고, 거두는 자도 있습니다. 그러나 바울은 자라게 하는 이는 하느님이라 고 말합니다. 내가 수고하고 노력했지만 원대로 거두어지는 것은 아 닙니다. 하느님께서 힘써 주셔야 하고, 기회도 주셔야 하고, 은혜를 베풀어 주셔야 가능합니다. 나의 작은 수고에 비해 큰 열매를 주시 는 하느님께 감사하면 됩니다. 모든 것은 하느님께서 이루어 주시는 것입니다.

"자기의 일한 대로 상을 받는다"고 했습니다. 이것은 뿌리는 사람 은 열심히 뿌리고, 물을 주는 사람은 정성껏 물을 주고, 거두는 사람 은 그에 대한 감사를 잊지 않을 때 자기의 상을 받는다는 것입니다.

부레가 없는 물고기는 움직여야 가라앉지 않는 것처럼, 그리스도인도 항상 자기 신앙을 열심히 돌아보아야 합니다. 이를 위해 감사와 기쁜 마음으로 충성하며 오직 하느님의 기뻐하시는 바가 되고 그분의 은혜로 상 받기를 기도해야 합니다.

김수환 추기경은 "특별한 날은 고작 일 년에 몇 번이다. 하루하루를 특별하게 만들어라"고 했습니다. 모든 것이 내 맘에 달려 있고, 오늘이 가장 소중한 날입니다. 때가 되면 어떻게 하겠다는 생각을 버려야 합니다.

"주님, 이 시간 이후로 당신을 향한 더욱 뜨거운 마음을 주시고, 당신을 닮고자 하는 간절함과 사모함으로 살게 하시고, 이 땅에 좋은 열매 맺는 씨앗을 심어 인생 마지막 날에 풍족히 거두는 농부의 기쁨이 있게 하옵소서. 아멘."

창조절 ——————————————

나로 하여금 부끄럽지 않게 하소서

내가 두 마음 품는 자를 미워하고 주의 법을 사랑하나이다

시편 119:113-120

말씀과 기도로 하루를 열기보다 인터넷을 열며 일상을 시작할 때가 많습니다. 주님을 찾고 만나는데 시간을 드리기보다 필요를 채우기 위해 많은 시간을 보내는 나를 돌아봅니다.

주님, 나의 부끄러움을 용서하소서.
목사로 대접받기 원했고, 가르치려 하였지, 들으려 하거나 배우려고 노력하지 않았음을 고백합니다.
나의 삶이 선물임을 망각하여 불편한 소리에 민감하고 상처만 돌아보기에 바빴습니다.

주님은 "저녁에 하늘이 붉으면 날이 좋겠다 하고 아침에 하늘이 붉고 흐리면 오늘은 날이 궂겠다 하나니 너희가 천기는 분별할 줄 알면서 시대의 표적은 분별할 수 없느냐"라고 물었습니다.
주님의 말씀을 읽고 깨달은 것에 주목하지 못한 어리석음을 알아

야 입니다. 시편을 보면 다윗은 자신의 소망이 부끄럽지 않기를 바라면서 주변에 일어나는 바람들을 정확하게 판단합니다. 오늘 불어오는 여러 가지 바람을 직시하고 이에 대한 분별력을 갖기 원합니다.

성서는 '좋은 목자'에 대하여 "여호와는 나의 목자시니 내가 부족함이 없으리로다. 그가 나를 푸른 초장에 누이시며 쉴 만한 물가로 인도하시도다"라고 설명합니다. 여기서 '푸른 초장'은 생활을 충족시키는 환경이고, '쉴만한 물가'는 정신적 삶을 만족시키는 환경입니다. 주님은 우리의 몸과 마음을 좋은 환경이 되도록 애쓰는 좋은 목자입니다.

지금이 어느 때인지를 다윗처럼 볼 수 있어야 합니다. 눈의 아들 여호수아 때, 이스라엘 민족이 아이성을 빼앗지 못한 원인은 아간한 사람이 외투 한 벌과 은 오백 세겔 그리고 금 한 덩어리에 욕심을 부려 취한 데 있습니다.

다윗은 굽은 마음을 가진 자를 지적하며 이들이 악한 바람을 일으킨다고 했습니다. 우리의 소망이 부끄럽지 않으려면 우리가 바라는 소망이 정당해야 합니다. 하느님은 행악자를 미워하십니다. 비틀어진 권력의 힘은 부패하며 존속되지 못합니다.

오늘날 교회가 존속하기 어렵다면 왜 그러는지 돌아보아야 합니다. 스스로 개혁하지 못하면 심판으로 이어질 수밖에 없고, 올바르게 살려고 노력해야 부끄럽지 않은 소망으로 건강해질 것입니다.

좋은 목자에 대해 다윗은 "그는 내 영혼을 소생시키고 나를 의의 길로 인도하신다"고 했습니다. 그리스도인은 신뢰감뿐만 아니라 영혼을 소생시켜 바른길을 가르쳐 주는 책임 있는 사람으로서 올바른 가치관을 세워야 합니다.

에덴동산 그늘에 숨어 있는 아담에게 하느님은 "네가 어디 있느냐?"고 알면서도 물으십니다. 피한다고 지나가지 않습니다. 동생을 죽인 가인에게 누가 이웃이 될 수 있겠습니까? 관계의 최대 요소는 신뢰입니다. 잔잔한 물가로 인도해도 신뢰감이 없으면 아무도 함께하지 않습니다. 교회가 신뢰를 잃어버리면 버림받는 것이 당연합니다.

하느님의 창조로 만들어진 세상이라면, 존재와 현상은 서로 깊이 연결되어 있습니다. 개인이나 사회, 더 나아가 국가도 서로 연결되어 균형을 잡아야 건강합니다.

오늘의 우리 사회는 건강합니까? 조화와 균형을 잃어 생명의 싹이 움틀 여지가 없는 것은 아닐까요? 교회가 머리만을 믿고 과신하면 중심에서 조금만 벗어나도 흔들려 가슴을 잃어버릴 수 있습니다. 따뜻한 가슴은 심지 않으면 움트지 않습니다. 하느님의 사랑과 이웃과 조화로운 접촉을 통해 가슴이 피어나는 것입니다.

우리는 행복할 수 있습니다. 예수님을 바라보고 소망을 꿈꾸시기 바랍니다. 맑고 따뜻하게 하는 성령의 바람이 함께할 것입니다. 삶의 습관이 잘못되었다면 바꾸어야 합니다. 삶에서 중요한 것은 직위나 신분, 소유가 아니라 자신이 어떤 일을 하며, 어떻게 살아가는지 아는 것입니다.

하느님의 말씀을 믿어도 악한 생각이 나를 떠나지 않으면, 탈선하게 됩니다. 아담을 유혹했던 뱀은 "할 수만 있으면 택하신 자들도 미혹케 하리라"고 했습니다.

"내 육체가 주를 두려워함으로 떨며 내가 또 주의 판단을 두려워하나이다"라는 다윗의 고백처럼 은혜와 사랑을 받은 자라도 항상 두려움을 간직하며 열매 맺도록 기도해야 합니다. 또 열매를 거두었다면 무엇을 먹든지 마시든지 내 소망이 부끄럽지 않게 하느님의 영광을 나타내길 바랍니다.

한 사람, 한 사람을 가까이서 보면 뚜렷하게 보이지만, 멀리서 바라보면 그냥 모래밭과 다름없습니다. 따라 합시다.

"내가 두 마음 품는 자를 미워하고 주의 법을 사랑하나이다. 나의 나 됨은 하느님의 은혜이오니 나로 하여금 부끄럽지 않게 하소서."

성서가 말하는 새사람

거짓을 버리고 각각 그 이웃으로 더불어 참된 것을 말하라 이는 우리가 서로 지체가 됨이니라   에베소서 4:22–32

모든 잎이 꽃이 되는 가을을 두 번째 봄이라고 합니다. 이렇게 아름다운 날에 주위를 다시 한번 둘러봅시다. 내가 바라거나 믿는 바를 말할 때마다 가장 먼저 듣는 사람이 나 자신입니다. 무엇을 바라고 무엇을 듣고 있나요?

"자신의 힘으로는 닫지 못하는 문이 하나 있는데 언젠가 그 문을 닫아 줄 사람이 온다." 이 말은 이준익 감독의 심리극 죽은 자의 기억으로 만든 세계 〈욘더〉에서 삶과 죽음 그리고 영원한 행복이 무엇인지 묻는 주인공 재현의 대사입니다. 아름다운 기억이 소중한 것은 그 순간이 다시 돌아오지 않기 때문입니다.

성서는 "너희는 유혹의 욕심을 따라 썩어져 가는 구습을 좇는 옛사람을 벗어 버리고 오직 심령으로 새롭게 되어 하느님을 따라 의와 진리의 거룩함으로 지으심을 받은 새사람을 입으라"고 구체적으로 이야기합니다. 이는 그리스도인의 생활에 있어서 일반적 원칙으로 새사람이 되었으면 달라져야 한다는 말씀입니다.

새사람이 되려면 어떻게 해야 할까요? 사람들이 쉽게 범하는 죄중의 하나가 거짓말입니다. 유익이 되는 거짓말은 상처를 주는 진리보다 더 좋은 것이라고 하는 사람도 있습니다.

십계명에 "네 이웃에 대하여 거짓 증거하지 말지니라"고 했지만 살아가면서 이 계명을 우리가 가장 많이 범하고 있습니다. 옛말에 "하루에 세 번 거짓말하지 않는 사람은 없다"는 말이 있을 정도입니다. 거짓말은 사실과 내 의견을 구별하지 못하는 데서 생깁니다. 거짓 정보가 넘쳐나는 현대 사회는 더욱더 그러합니다.

솔로몬은 "땔감이 없으면 불이 꺼진다"고 했습니다. 소문은 정확한 것이 아닙니다. 거짓 정보를 끄집어내는 사람이 없으면 새로운 소식들을 의심 없이 받아들일 수 있습니다.

거짓말은 사회를 와해시킵니다. 더구나 종교는 영향력이 크기에 많은 사람에게 피해를 줄 수 있습니다. 또한 성서에 "분을 내어도 죄를 짓지 말며 해가 지도록 분을 품지 말고 마귀로 틈을 타지 못하게 하라"고 했습니다.

개인적 이해관계나 나와 대립하는 감정 때문에 분을 내는 경우와 공적 분노가 있습니다. 개인적 분노는 나 혼자 분을 풀고 용서할 수 있지만, 분한 마음을 오래 품고 있으면 스스로 시험에 빠질 수 있습니다.

성서에 보면 '의분'이 나옵니다. 이는 공적 분노입니다. 일반적으로 국가나 사회에서 불의와 죄악을 저지를 때, 의로운 마음이 있는 사람들의 분노입니다. 이것은 근본적으로 죄악에 대한 증오로 인해 일어나는 감정입니다. 이런 감정은 악을 제거하기 위한 봉사와 희생이 필요합니다.

세월호 참사나 이태원 참사의 의분은 개인적으로나 사회적으로 꼭 필요한 것입니다. 사람이니까 분을 낼 수가 있습니다. 그러나 그로 인해 죄를 범하지는 말아야 합니다.

분한 마음은 마귀의 온상과도 같지만 슬픔만큼이나 해결해야 할 감정입니다. 가슴 아픈 사고들이 어떻게 수습되는지에 따라 분노의 방향성이 달라지기 때문입니다.

마음을 도적질 당하여 악해지지 말고 지혜로운 사람이 되었으면 좋겠습니다. 하느님께서 그분의 백성을 향해 "너희가 내게서 빼앗았도다" 하시니 이스라엘 백성은 깜짝 놀랐습니다.

새사람이 되려면 "도적질하지 말고 돌이켜 빈궁한 자에게 구제할 것이 있기 위하여 제 손으로 수고하여 선한 일을 하라"고 하셨습니다.

부정직한 행위를 통해 부정한 이익을 얻는 것이 도둑질입니다. 노동의 대가를 제대로 주지 않는 것이 도둑질입니다. 중요한 직책을 맡고서도 제대로 책무를 다하지 않는 것도 도둑질입니다. 빈궁한 이웃에게 나눠 주기를 거절하는 것 또한 도둑질의 한 형태입니다. 이윤을 위해서 일하거나 부자가 되려는 것은 죄가 아닙니다. 그러나 이기심으로 욕심을 일으켜 불행한 사람을 착취하면 죄가 됩니다.

그리스도인이 된다는 것은 쉬운 일이 아닙니다. 그리스도인은 어떤 것이라도 맡으면 부지런하고 성실해야 합니다.

더러운 말을 입 밖에도 내지 말라고 했습니다. 우리가 말할 수 있다는 것은 하느님의 놀라운 선물입니다. '더러운 말'은 '썩은 열매'입니다. 예수님은 "그 열매로 나무를 안다"고 하시며 "독사의 자식들아 너희는 악하니 어찌 선한 말을 할 수가 있느냐 이는 마음에 가득한 것을 입으로 말함이라"고 하셨습니다.

지혜로운 자의 혀는 양약과 같다고 했으니 격려가 되고, 위로가 되고, 북돋워 주는 말을 해야 합니다. 같은 말이라도 '아' 다르고 '어' 다릅니다.

성령을 근심하게 하지 맙시다. 성령을 근심하게 하는 일은 모든 악독과 노함과 분냄과 떠드는 것과 훼방하는 것입니다. 기억합시다. 거짓말하는 것, 분내는 것, 도둑질하는 것, 더러운 말하는 것, 성령을 근심하게 하는 일입니다. 분열시키는 사람이 되지 말고, 자신의 자리에서 그리스도를 통해 하나 되게 하는 일을 하기 바랍니다.

우리가 무서워해야 하는 일은 비겁해져서 하느님으로부터 도망치는 것입니다. 우리에게서 성령이 떠나시면 그리스도인이라 할 수 없습니다. 행복한 기억을 간직하고 새사람의 삶을 살길 주님의 이름으로 강복합니다.

아름다운 열매

> 좋은 나무가 나쁜 열매를 맺을 수 없고 못된 나무가 아름다운 열매를 맺을 수 없느니라 아름다운 열매를 맺지 아니하는 나무마다 찍혀 불에 던지우느니라 이러므로 그의 열매로 그들을 알리라
>
> 마태복음 7:18-20

꽃은 참 아름답습니다. 그 향기는 보는 이에게 더한 기쁨을 줍니다. 참 귀한 아름다움입니다. 그러나 성서에서는 하느님이 우리를 향해 꽃처럼 아름다워라, 향내를 내어라, 계절에 따라 꽃을 피우라 하시지 않았습니다. 꽃은 곧 시들어 꽃잎이 떨어지고 향기가 사라져 아름다움을 지속할 수 없기 때문입니다.

사람이 꿈꾸는 세상의 성공은 꽃과 같을 수 있습니다. 꽃이 관심을 받듯 사람들도 자기 삶의 꽃을 피워 선망의 대상이 되려고 애씁니다. 하지만 예수님은 꽃보다 열매를 강조하셨습니다. 이스라엘을 상징하는 나무는 무화과나무입니다. 이 나무는 속과 식물로 외부로 꽃이 보이지 않고 열매를 맺습니다.

하느님은 자기 백성이 세상에서 화려하게 자랑하는 꽃 같은 인생보다 화려하지 않아도 신선한 열매의 향을 가진 열매 맺는 사람이 되기를 원하셨습니다. 성서는 "못된 열매 맺는 좋은 나무가 없고 좋은 열매 맺는 못된 나무가 없으며 나무는 각각 그 열매로 아나니 가시나무에서 무화과를, 또는 찔레에서 포도를 따지 못한다"고 했습니

다. 하느님 나라를 꿈꾸는 자들이 참인지 거짓인지 열매로 판단하겠다는 것입니다.

선한 사람은 마음에서 선을 내고, 악한 사람은 마음에서 악을 내어놓습니다. 열매는 마음에 가득한 것을 밖으로 내어놓는 결실이기 때문입니다.

무화과나무와 가시나무 이야기가 성서에 종종 나옵니다. 무화과나무는 꽃을 외부로 피우지 않고 열매를 맺는 특이한 나무이고, 가시나무는 접을 붙이면 다른 나무로 변화되는 나무입니다. 이 나무들은 우리의 믿음과 신앙을 돌아보게 하고 정리해 줍니다.

먼저 열매 맺는 나무가 되어야 합니다. 그리스도의 삶을 따라가는 조건이 바로 열매를 맺는 것입니다. 주님은 요한복음에서 "너희가 과실을 많이 맺으면 내 아버지께서 영광을 받으실 것이요. 너희가 내 제자가 되리라"고 말씀하셨습니다.

우리를 자기 사람으로 택한 것은 꽃을 피우기 위함이 아니라 열매 맺기 위함입니다. 열매 맺는 나무들은 대부분 그 열매의 이름대로 나무 이름이 정해집니다. 무화과, 포도, 올리브 등과 우리나라의 대표적 열매인 사과, 배, 감 등도 열매를 따라 나무의 이름이 정해졌습니다.

예수님은 나무요 우리는 가지라고 했습니다. 열매는 나무에 열리는 것이 아니라 가지에 열리니 우리의 열매에 따라 예수님의 이름이 정해진다는 것이지요. 열매는 꽃에 비해 투박하나 생명의 연속성이 있습니다. 그 속에서 무수한 나무와 숲을 볼 수 있습니다. 열매 속의 작은 씨앗에서 나무가 시작되기 때문입니다.

우리 그리스도인들이 작은 씨앗처럼 보여도 우리 속에는 수많은 나무와 열매가 잠재되어 있습니다. 열매는 사람을 성장하게 하고 미래를 만들어 갑니다.

무화과나무가 열매를 맺지 못하면 어찌 될까요? 성서에서는 그 나무를 찍어 버리라고 합니다. 예수나무에 붙어 있는 가지인 우리의 사명은 예수님을 예수님 되게 하는 것입니다. 우리가 언제부터 예수님을 믿었다는 것은 중요하지 않습니다. 지금 가지인 우리에게 예수님이 원하시는 '나'라는 열매가 맺히는지 아닌지에 따라서 예수님이 증명됩니다.

향과 빛이 없다면 쓸모가 없어 사람들에게 밟힐 뿐입니다. 하느님이 열매에 대해 이사야에게 질문하듯 우리에게도 묻습니다. "땅을 파서 돌을 제하고 극상품 포도나무를 심었었도다… 좋은 포도 맺기를 바랐더니 들 포도를 맺혔도다… 내가 좋은 포도 맺기를 기다렸거늘 들 포도를 맺힘은 어찜인고."

이에 대해 어떻게 대답할 것입니까? 예수나무의 열매는 예수 향이 나야 합니다. 가시나무에 장미를 접붙이면 장미꽃이 피어야 하고, 찔레나무에 포도나무를 접붙이면 포도가 맺혀야 합니다. 우리가 정말 예수나무에 접붙여졌다면, 우리 자신을 버리고 예수님의 향과 빛을 보여 줄 수 있는 열매를 맺어야 합니다.

삼 년을 열매 맺지 못한 무화과나무가 땅만 버린다고 찍혀진 이야기가 있습니다. 우리는 예수를 몇 년 믿었고 그분은 우리에게 몇 번이나 왔을까요? 우리도 땅만 버리고 있지는 않은지 생각해 봅니다.

접붙여진 나무는 스스로 다른 곳으로 옮겨가지 못합니다. 나무에서 잘려져 나가면 생명을 잃어버립니다. 물론 가공해서 가구나 다른 무엇으로 변화될 수는 있지만, 거기에는 생명이 없습니다.

예수님은 행함의 문제를 이야기하십니다. "나더러 주여 주여 하는 자마다 천국에 다 들어갈 것이 아니요 다만 하늘에 계신 내 아버지의 뜻대로 행하는 자라야 들어가리라", "행함이 없는 믿음은 죽은 믿음이다"라는 야고보의 말도 이와 중첩됩니다.

하느님의 말씀이 운동력이 있는 것처럼 학문의 배움은 지식을 쌓기 위함이 아니라 그 학문으로 행함을 이루기 위함입니다. 쌓은 지식으로 운동력 있게 가르치는 행함이 없음은 영혼이 없는 어리석은 것임을 알아야 합니다. 행함이 곧 열매입니다. 꽃은 인기와 같고, 열매는 인격과 같습니다.

사람들은 우리를 꽃처럼 평가하지만 하느님은 우리의 인격을 보십니다. 인격을 사람들이 잘 알아보지 못함은 열매 안에 씨로 감추어져 있기 때문입니다. 꽃은 열매를 맺기 위한 예비일 뿐입니다. 그리스도를 위해 먼저 세상의 길을 예비한 요한처럼 열매를 위해 존재하는 디딤돌입니다.

열매는 자신을 위해 존재하지 않습니다. 첫 열매로 오신 예수님도 그러하셨듯 열매는 나눔이고 긍휼입니다. 우리가 이 나눔과 긍휼의 열매 맺음 아래 향기 나는 사람이 되어 희망이 됩시다. 열매 맺는 사람은 화려하지 않지만, 나무가 숲을 이루듯 이웃과 이웃을 사랑하게 하고 하느님의 숲에 함께 모이게 됩니다.

그분은 잠시의 화려함을 위해 우리에게 오신 것이 아니라 생명이 있는 열매를 맺기 위해 오셨습니다. 자, 그럼 이제 김나무, 박나무, 서나무, 손나무, 지나무 등의 열매를 맺어 봅시다.

세월이 길다고 사랑이 큰 것은 아니다

오직 그 말씀이 네게 심히 가까와서 네 입에 있으며 네 마음에
있은즉 네가 이를 행할 수 있느니라　　　**신명기 30:11-14**

오늘은 창조절 마지막 주일이며, 교회력으로도 올해의 마지막 주일
입니다. 다음 주일부터는 대림 절기로 그리스도인에게는 새해가 시
작됩니다.

올 한 해를 뒤돌아보면 어떻습니까? 올 한 해 누구를 사랑하며 살
았나요? 자신을 위해 살았나요, 아니면 사랑하는 사람을 위해 살았
나요? 사랑은 너를 위해서도, 나를 위해서도 아니라 우리를 위한 것
이 되어야 합니다.

우리를 위한 사랑은 힘들어서 무채색처럼 보이지만, 시간이 지난
후에 돌아보면 너무나 아름다운 색으로 채색되어 있음을 볼 수 있습
니다.

신명기 기자는 "내가 오늘날 네게 명한 이 명령은 네게 어려운 것
도 아니요 먼 것도 아니라"고 했습니다. 여기서 하느님의 명령은 '여
호와의 말씀에 순종하여 율법책에 기록된 명령과 규례를 마음을 다
하고 성품을 다하여 지키는 것'입니다. 여호와께서 원하는 삶을 살

려면 서로 마음을 연합하여 사랑해야 합니다.

왜 서로 사랑하며 살아야 할까요? 우리가 위험한 시대를 살고 있기 때문입니다. 삶에서 맞닥뜨리는 수많은 일을 혼자서 감당하기 어렵습니다. 또한 분명히 행복해질 수 있는 결과가 보이는 것을 혼자 하려고 하면 욕심이 되고 집착이 됩니다. 사람들의 오만과 이기심은 신앙생활을 오래 해도 여전히 우선순위에 있으며, 옛 시대의 관념과 아집으로는 새 시대를 가로막을 뿐입니다.

예수님을 따르는 그리스도인들조차 자신의 생명에 직접적인 영향을 미치지 않는 한, 여전히 제 고집을 꺾지 못해 위기가 속도를 내며 더 빨리 우리 앞으로 달려옵니다.

우리는 무엇이 옳은지 분명히 알지만 행동하기에 더딥니다. 십자가에 달린 예수님께서 '돌이켜라'고 고통 가운데 말씀하셨어도 사람들은 오랜 습성대로 경청하지 않았습니다.

귀를 막고, 눈뜬 시각장애인으로 살아가고 있지 않나요? 꼭 챙겨 보아야 할 소중한 것들에 눈을 감고 살면 아무것도 들리지 않습니다. 세월이 흐르면 사라져 없어질 부질없는 것들에 두 눈을 부릅뜨고 시선을 고정한 채 귀를 기울이고 있진 않나요? 이제부터라도 용기를 내어서 주님의 관점으로 꼭 필요한 것들을 다시 보아야 합니다. 어리석은 권력에 무릎 꿇지 않고, 재물에 눈이 멀지 않아야 합니다.

시련과 위기 가운데서도 주님의 섭리를 알아볼 수 있는 지혜를 간구합시다. 또 신명기 기자는 "오직 그 말씀이 네게 심히 가까와서 네 입에 있으며 네 마음에 있은즉 네가 이를 행할 수 있느니라"고 했습니다. 그는 인생길에는 두 길이 있다고 알려 줍니다. 내게 능력 주시는 자 안에서 걸어가는 길과 능력 주시는 자 밖에서 불안하게 살아가는 길입니다.

"누가 우리를 위하여 하늘이나 바다를 올라가거나 건너가서 그 명령을 우리에게로 가지고 와서 우리에게 들려 행하게 할꼬"할 것이 아니라고 했습니다. "오직 그 말씀이 네게 심히 가까와서 네 입에 있으며 네 마음에 있은즉 네가 이를 행할 수 있느니라"고 했습니다.

또다시 반복되는 교회의 잘못에, 너무나도 슬픈 죽음들에 관해 귀를 열고 똑바로 보며, 해야 할 말을 하는 행동인이 됩시다. 우리 이웃의 평화와 정의와 미소를 위해 주님을 향해 기도합시다. 그리고 더 나아가 이웃에게 선을 행함으로 건강하고 함께 행복한 바람을 만들어 나갑시다. 모든 것이 내 입과 마음에 있으니 우리가 바로 하느님 나라입니다.

셰익스피어William Shakespeare는 "있다고 다 보여 주지 말고, 안다고 다 말하지 말고, 가졌다고 다 빌려주지 말고, 들었다고 다 믿지 마라"고 했습니다. 왜 이렇게 말했을까요? 서로를 믿지 못하기 때문입니다.

장작을 넣지 않으면 불씨가 꺼지듯 믿음도 사라집니다. 서로 의심하지 않는 사회가 될 때, 작은 바람만 불어도 웃음이 돌아 행복의 바람개비가 춤을 출 것이며, 여호와의 명령을 떠난 잘못된 권력과 재물, 욕심과 비난의 소리는 바람개비의 구멍으로 빨려 나갈 것입니다.

우리 앞에는 '생명의 복과 사망의 화'라는 두 길이 있습니다. 어느 길을 선택할 것입니까? 여호와를 사랑하고 섬기는 것이 어떤 길일까요? 그리스도인은 어떤 상황에도 우리를 부르신 자의 뜻을 이루려는 마음가짐으로 대처해야 합니다. 그리스도인으로서 어떻게 살아야 하는지 우리는 분명히 알고 있습니다.

악한 자가 아닌 약한 자를 대적하며 살고 있진 않나요? 세월이 길다고 사랑이 큰 것은 아닙니다. 사랑이 깊은 사람은 하느님의 말씀을 즐거워하고, 주야로 묵상하고, 생각과 발걸음과 머무는 자리가 아름답습니다. 사랑이 깊은 사람은 열매가 풍성하고 형제와 이웃에게 안식과 평안을 줍니다. 사랑이 깊은 사람은 하느님과 이웃의 인정을 받습니다. 예수님의 빛은 라이트가 아니라 따뜻한 온기입니다. 당신은 얼마나 따뜻한 사람입니까?

대림절

기다림의 절기, 대림절을 맞이하면서

내가 갔다가 너희에게로 온다 하는 말을 너희가 들었나니 나를
사랑하였더면 나의 아버지께로 감을 기뻐하였으리라 아버지는
나보다 크심이니라 이제 일이 이루기 전에 너희에게 말한 것은
일이 이룰 때에 너희로 믿게 하려 함이라   **요한복음 14:27-29**

대림절은 도착을 의미하는 라틴어 'adventus'에서 유래되었습니다. 동유럽 추운 지방에 살던 게르만족은 그리스도교가 들어오기 전에 겨울이 되면 봄을 기다리는 마음으로 모닥불을 피웠는데 그리스도교가 들어온 후에 이 관습이 크리스마스와 접목되었습니다. 대림절은 주후 4세기경부터 지키기 시작했습니다.

초대 교회의 예배 형식은 지금과 같지 않았습니다. 6세기에 와서 오늘날의 예배 형식과 비슷한 가톨릭의 미사를 완성한 그레고리 교황(540~604년) 때 예수 그리스도의 초림과 재림을 지키는 절기로 기념하며, 이 기간에는 결혼을 금하며 금식을 선포해 마치 사순절처럼 지켰습니다.

예수님을 기다리며 스스로를 가다듬는 대림절은 동정녀 마리아에게서 태어난 예수님의 초림과 종말에 구원의 완성을 위해 다시 오심까지 기념하는 그리스도의 계절입니다. 12세기에 들어와서 보다 넓은 의미로 해석하여, 단순한 과거의 사건이기보다 살아 있는 역사로, 곧 이루어질 역사로 보편화되었습니다. 그래서 초림을 기념하던

절기가 재림과 성령의 약속까지 이어지게 되었습니다.

대림절 기간은 각 교회마다 조금씩 다를 수 있습니다. 성탄절 전 4주간을 대림절로 지키며, 특별히 12월 둘째 주일을 세상에 말씀을 주신 날로 기념하고 모든 개신교회는 성서 주일로 지키고 있습니다.

대림절의 의미를 살펴보겠습니다. 그리스도가 인간으로 오심은 '나'에 사로잡혀 '너'를 보지 아니하여 선을 실현하지 못한 어느 순간에 일어났던 욕망에 대한 회개와 성육신의 사랑과 나눔입니다.

그리스도께서 말씀과 영으로 우리를 하느님과의 만남으로 연결해 주시고 화해를 이루어 주십니다. 종말의 시기에 심판 주로 오시는 그리스도의 재림과 그분과 함께 하느님 나라에 입성하는 기다림의 소망입니다.

대림절은 교회력의 시작이며 성탄을 준비하는 주현절의 준비 기간입니다. 그리스도께서 과거에 우리에게 주신 은총에 감사하고, 그리스도께서 다시 오실 것을 소망해야 합니다. 이 절기는 두려움과 약속이 포함되어 있습니다.

이 기간은 그리스도의 오심을 준비하는 절기로서 빛으로 나아가는 의미가 있습니다. 즉 이 기간에 우리는 내적 생활을 정돈하고 영혼을 정화하기 위해 노력해야 하며, 그리스도의 오심을 영접하기 위한 회개와 죄를 용서받기 위한 기도가 있어야 합니다.

대림절 예전 색상은 보라색과 청색이며 주로 보라색을 사용합니다. 보라색은 따뜻하고 침착한 기풍이 있는 희망과 동경의 색상입니다. 이는 왕의 존엄성과 참회 그리고 금식을 상징합니다.

첫째 주일—기다림과 소망의 촛불

그리스도의 오심을 대망하고 하느님 나라의 소망을 나타내는 첫 번째 촛불을 켭니다. 이는 세상에서 지치고 곤고한 자들과 어두움에 있는 자들에게 소망의 빛이 됩니다. 행동을 통해 그분이 오시므로 이루어질 하느님 나라를 그려 봅시다. 오늘 우리에게 하느님 나라가 어떤 것인지를 생각하게 해줄 것입니다.

둘째 주일—회개와 빛의 촛불

하느님 나라가 이루어질 수 없도록 한 나의 모습을 회개하고, 잘못된 제도를 비판하고 구유에 누인 사람을 찾아 나서는 의미로 회개와 빛의 촛불을 켭니다. 교회 공동체가 하나로 또는 기관별, 개인별로 구체적인 대상을 정합시다. 그리고 그 하느님의 자녀에게 무엇으로 화해를 이룰 것인지 생각합시다. 예를 들어 섬김의 봉사, 물질의 공급, 병든 자의 치유, 필요한 사랑의 선물 등을 구체적으로 생각하고, 이를 성탄절 트리 밑에 '아기 예수께 선물'이란 이름으로 드립시다.

셋째 주일—사랑과 나눔의 촛불

구유에 누인 사람을 찾아가 함께 사랑을 나누고 나의 몫을 나누는 실천적 의미로 촛불을 켭니다. 우리 주변에 상처 입은 이웃, 배고픈 이웃, 외롭고 쓸쓸한 이웃들에게 우리의 사랑을 나누어야 합니다.

사랑이 필요한 이웃을 외면한 것과 이기적으로 나를 방어한 것, 약한 이웃들에게 불리한 제도나 관습을 정당화한 것을 돌이키는 회개의 시간이 있어야 합니다. 여기서 요청되는 것은 들의 목자가 아기 예수를 찾아간 것처럼 이웃을 찾아가야 합니다. 이 찾아감에는 우월의식이 없고, 구유의 아기를 섬기는 목자의 자세가 요구됩니다.

넷째 주일–만남과 화해의 촛불

'너'와 '나'의 사람으로 오신 아기 예수와의 만남과 화해를 의미하는 촛불을 켭니다. 이 주간에는 우리가 찾은 구유의 '너'와 함께 예배에 참석할 수 있는 여건을 만들어 참여합니다. 강제적 차원을 배제하고 자원하는 마음으로 이루어야 합니다. 이때 데려만 오는 것이 목적이 아니라 그리스도 앞에서 하느님과 화해하고 세상과 화해가 이루어지는 것에 목적을 두어야 합니다.

대림절에 성육신하신 뜻을 성취하기 위해 먼저 우리 주변의 구유에 누워 있는 이웃을 찾아야 할 것입니다. 지역아동센터 '빚진자들의집' 행사인 '몰래 산타'가 바로 그러한 찾아감입니다. 참으로 많은 아이가 상처를 입고 지내고 있습니다. 혹시 곁에 구유에 누인 자들은 없습니까? 우리 주변에 소외되고 병들어 고통을 견디고 있는, 빈곤의 벼랑에서 외롭게 구유에 누운 채 살아가는 이웃이 있습니다.

오늘 우리는 캄보디아의 척박한 땅크라상에서 대림절의 의미를 아름답게 실천하여 캄보디아 최초로 한국인이 세운 바티에이국제대학교Batyeay International University 총장 김득수 목사와 또 다른 지역에서 사목하는 서원교 목사의 선교를 위해 함께 동역하고 기도하고 있습니다. 주위에 이러한 분들이 존재한다는 것은 우리도 함께할 수 있는 일이 있다는 것을 느끼게 합니다.

우리가 하느님의 백성으로 이 땅을 살아가면서 이웃을 위해 할 수 있는 일이 무엇인지 살펴보는 것이 진정한 대림절의 의미를 찾아가는 것입니다.

누구를 기다립니까

아들을 낳으리니 이름을 예수라 하라 이는 그가 자기 백성을
저희 죄에서 구원할 자이심이라 하니라 **마태복음 1:21**

기다림에 지치고 그리움에 배고픈 대림절입니다. 기다림에 대한 보
상을 원하시나요? 교회가 이념으로 나뉘어 각자의 주장을 내세우는
것도 부끄러운데, 교파나 교단이 이해관계에 따라 붕당 패거리가 되
어 있으니 누가 누구에게 진리를 말할 수 있겠습니까?

우리는 더 똑똑해지기 위해 주님의 제자가 되고, 성서를 공부하는
것이 아니라 생명이신 예수님을 본받아 더 낮아지려는 것입니다.

우리는 유익을 위해 주님을 기다리는 것이 아닙니다. 힘들고 어려
운 고통에서 벗어나기 위함도 아닙니다. 우리가 주님을 기다리며 예
배드리는 것은 구원이 무엇인지 알기 때문입니다.

〈슈룹〉이라는 드라마에서 유생들에게 중전(김혜수 역)이 "무지한
자가 신념을 가지는 것도 무서운 일이지만, 신념을 가져야 할 자가
양심을 저버리는 무지한 짓을 하는 것이 더 무서운 일이다"라고 했
습니다.

기독교는 도덕과 경건의 종교가 아닙니다. 보이지 않는 세상인 사

랑의 종교입니다. 보이는 세상이 있고, 보이지 않는 세상이 있습니다. 혹은 보았지만 잘못 보아서 판단이 흐려질 때도 있습니다.

성서는 보이는 세상이 아니라 보이지 않는 세상을 기록한 말씀입니다. 이 세상은 나의 관점으로 보는 것이 아니기에 지식이나 교리로 알 수 없습니다. 오직 주님의 관점으로 보아야 합니다. 믿음을 이야기할 때 우리는 '나의 믿음'을 이야기합니다. 즉 나의 관점으로 믿는 것입니다.

어떤 일을 오래 하면 숙달되어서 자만하기 쉬운데 믿음도 그러합니다. 남에게 속은 것보다 더 무서운 것은 자신에게 속는 것입니다. 내 안에 있는 악한 것들을 이겨 내려면 순종이 제사보다 낫다고 했으니 순종이 우선입니다.

예수님은 제자들에게 "나를 따라오려거든 자기를 부인하고 십자가를 지라"고 말씀하셨지만, 악한 것들에 메여 있는 사람들은 이 십자가가 무슨 의미인지 알지 못합니다. 내가 알고 있는 지식이나 자기 방식에 얽매이지 말고 낮은 자세로 따라야 알 수 있습니다.

우울증이나 변덕스러운 마음이 있으면, 악한 것들에 메일 수 있습니다. 영생을 얻기 위해서는 자기 목숨까지도 버리라고 하셨는데 보이는 세상에서 목숨을 버린다는 것이 어디 쉬운 일입니까? 여기서 목숨은 하느님을 아는 가치를 드러내는 것입니다. 절대 놓치지 말아야 할 것을 얻기 위해 언젠가는 놓아야 할 것을 아는 사람이 되어야 합니다.

벌써 대림절 둘째 주간이 시작되었습니다. 예수님을 기다립니까? 예수님의 가치를 알고 있나요? 그 가치를 위해 무엇을 할 수 있나요? 아는 것과 믿는 것, 그리고 믿어지는 것은 다릅니다.

예수님이 나 같은 죄인을 살리기 위해 오셨고, 대신 피 흘리신 것이 믿어져야 합니다. 이것이 십자가의 복음이며, 기다림의 핵심입니다. 성령이 내 안에 인쳐지고, 십자가가 내 마음에 새겨져야 합니다. 새겨진 십자가도 삶에 불어오는 파도에 씻겨 사라지기 일쑤입니다.

어렵기 때문에 성서는 생명으로 인도하는 문은 협착하여 찾는 자가 적다고 했습니다. "진리가 너희를 자유케 하리라"고 하셨는데 진리는 단순하고 명확합니다. 복잡하고 듣는 사람들이 이해하기 어렵다면 진리가 아닙니다.

예수님 안에 생명이 있고, 그 영이 내 안에 있으면 생명을 얻는다는 것이 진리입니다. 내 안에 십자가와 성령이 있느냐, 없느냐의 문제입니다. 이 생명은 사람들의 빛이 되고, 우리는 그 빛을 발하는 교회가 되는 것입니다.

영이 강건해지려면 우리의 태도가 달라져야 합니다. 잘못한 행위에 대해서 알아야 하며 회개함으로 다시는 그러한 행위를 하지 않는 삶을 살아야 합니다. 또한 열매와 순종이 있어야 합니다. 신앙의 연수와 직분으로는 열매를 맺을 수 없습니다. 순종하는 사람이 열매를 맺고 빛을 발할 수 있습니다.

"사람 쉽게 안 변한다"고 말합니다. 우리 안에 스스로 속이는 영이 늘 호시탐탐 우리 자신을 무너뜨리려고 넘보고 있음을 알아야 합니다. 회개의 영이 임했을 때, 내 안에 스스로 속이는 영이 거대하게 자리 잡고 있음을 알아야 합니다. 회개는 내 삶의 모든 행동이 바뀌는 것입니다.

욕을 하는 사람이 회개하면, 입만 열면 나오던 욕이 점점 줄어드는 게 아니라 다시는 욕을 하지 않는 것이 회개입니다. 더 이상 욕을 하지 않는다는 것은 이전의 나는 죽었고 새 생명이 내 안에 들어왔다는 증거입니다.

예수님은 십자가에 못박히신 후 "아버지여 저희를 사하여 주옵소서. 자기의 하는 것을 알지 못함이니이다"라고 기도하셨습니다. 자기 죄를 알지 못하는 무지한 저들 가운데 하나인 나를 사랑하여 세상에 오심이요, 하느님과의 연결이 끊어진 나를 배려하여 십자가에 달려 돌아가신 사랑을 깨달아야 치유가 되고 원망이 사라집니다.

나를 하느님으로부터 멀어지게 하고 세상 가운데 끌려다니게 한 주동자는 바로 내 안에 거대하게 자리 잡고 있는 '스스로 속이는 영'입니다. 스스로 속이는 영은 얼마든지 우리 자신을 포장하게 하고 착각하게 할 수 있습니다.

누군가와 진정한 동행자가 된다는 것은 쉬운 일이 아닙니다. 동행에는 섬세함이 요구됩니다. 함께 걷는 보폭에 발맞출 줄 아는 섬세함입니다. 함께 걷는 걸음은 내가 주인이 아니라 걷는 이가 내 걸음을 제어하는 순간들입니다.

이는 나를 주인공 삼지 않고, 동행자를 주인공으로 만들어 주는 섬김이요, 나를 비움이요, 나를 죽이는 또 하나의 헌신된 삶입니다. 십자가의 복음, 어렵지 않습니다. 새 생명이 내 안에 들어왔다는 것입니다. 자 확인해 보세요. 내 안에 무엇이 있는지?

주님은 하나 됨을 기다립니다

내가 아버지 안에 있고 아버지께서 내 안에 계심을 믿으라 그
렇지 못하겠거든 행하는 그 일을 인하여 나를 믿으라

요한복음 14:8-11

"소 닭 보듯, 닭 소 보듯 한다"는 옛말이 있습니다. 어떠한 대상에 대
해 무관심하여 개의치 않음을 뜻하는 말입니다. 저는 이 말처럼 현
대인의 삶을 잘 표현해 주는 말은 없다고 생각합니다. 이웃은 서로
무관심하니 사실 이웃이라고 말할 수도 없습니다. 심지어는 가족 간
에도 너는 너대로 살고 나는 나대로 살며, 명절 때나 한 번씩 얼굴을
보는 실정입니다.

아주 오랜만에 사촌 누님에게 전화했는데 아주 놀란 음성으로 전
화를 받으면서 무슨 일이 있냐고 먼저 물었습니다. 제가 평소에 연
락하지 않다가 전화를 하니 우리 집에 초상이 난 줄 알았다고 했습
니다. 이러한 삶의 모습이 아름답거나 보기 좋다고 생각하는 사람은
아무도 없습니다. 모두 '이래서는 안 되지'라고 생각하지만 '사는 것
이 바빠서 어쩔 수 없다'고 생각합니다.

전쟁과 전염병 앞에서도 끊임없이 소비를 촉진하는 사회를 따라
갈 수가 없습니다. 예전에 비하면 분명히 잘살고 있는데 늘 상대적

박탈감과 위험에 시달립니다.

소 닭 보듯 살아가는 모습의 이유가 사는 것이 바쁘고 코로나와 같은 전염병 때문은 아닙니다. 우리 스스로 의식하지는 못하지만, 본질적인 원인이 있습니다.

현대 사회는 '다른 것'만을 강조하는 사회가 되었습니다. '다른 것' 자체가 나쁜 것은 아니지만 '다른 것이어야 아름답다'는 논리는 잘못된 것입니다. 이는 어쩌면 자본주의 논리가 생산해 내는 거짓말일 수 있습니다.

우리가 의식하지 못하는 사이에 우리의 삶을 공동의 삶에서 떼어 내고, 나의 의식과 삶을 분리하고 서로의 관계를 파괴해 하나 됨을 가로막습니다.

같은 것을 소유한 동질감이 있어야 하나 되기 쉬운 법인데 같은 것을 소유하고 있으면 참지 못하고 다른 것을 소유해야만 하니, 하나 되기가 어려운 것입니다. 하나 됨의 파괴는 죄의 결과로 인간의 삶에 들어온 것입니다.

아담과 하와가 선악과를 따먹었을 때, 즉 믿음을 잃었을 때 하느님과 사람의 관계는 물론 아담과 하와의 관계까지 왜곡되었습니다. '다른 것이 아름답다'는 시대의 가치관이 우리의 영혼에 스며들어 우리 자신도 인식하지 못하는 사이에 '하나 됨'이라는 보편적이고 아름다운 가치를 빼앗아 간 것입니다.

'다른 것'만을 찾아 나서는 한 우리는 자신의 삶에 갇힐 수밖에 없습니다. 이제 우리는 하나 됨에 익숙하지 못합니다. '같은 것'을 먼저 보는 것이 아니라, '다른 것'을 먼저 보는 것에 익숙하고, 다른 것을 갈구하여 어느덧 하나 됨을 불편해 합니다. 이 시대의 이러한 잠재된 의식이 우리를 '소 닭 보듯' 하는 삶으로 내몰고 있습니다.

하느님께서는 인간이 죄를 범함으로 '감추고 숨겨야 할 것'들이 생긴 그 순간부터, 감추고 숨기는 것들을 드러내시기 위한 일을 시작하셨습니다. '감추고 숨기고자 하는 의식'이 하나 됨을 가로막아 관계를 파괴하기 때문입니다.

하느님께서 죄로 인해 감출 것이 많아진 인간을 회복하기 위해 행하신 첫 번째 조치는 무화과나무 잎으로 만든 그들의 치마를 벗기고 가죽옷을 지어 입히신 것입니다.

가죽옷은 아담과 하와의 죄를 씻기 위한 다른 생명의 피 흘림이며, 갈라진 것들을 다시 하나 되게 하는 대가를 하느님께서 지불해 주시겠다는 약속입니다.

성서는 사람들이 "자기 행위가 악하므로 빛보다 어두움을 더 사랑한다"고 했습니다. 신앙의 관점에서 보면 역사는 '감춤과 드러냄'입니다. 죄를 감추려는 자들과 드러내 없애려는 하느님의 역사입니다.

예수님은 바로 이 일을 위해 이 땅에 오셨고 비방받는 표적이 되셨습니다. 감춤과 드러냄의 역사는 '갈라짐과 하나 됨의 역사'가 됩니다. 감춤의 결과는 관계가 갈라지기 때문이고, 드러냄의 결과는 하나가 되기 때문입니다. 예수님께서는 체포되시기 직전 제자들을 위해 마지막 기도를 합니다.

아버지께서 내 안에, 내가 아버지 안에 있는 것 같이 저희도 다 하나가 되어 우리 안에 있게 하사 세상으로 아버지께서 나를 보내신 것

을 믿게 하옵소서 내게 주신 영광을 내가 저희에게 주었사오니 이
는 우리가 하나가 된 것 같이 저희도 하나가 되게 하려함이니이다
곧 내가 저희 안에, 아버지께서 내 안에 계셔 저희로 온전함을 이루
어 하나가 되게 하려함은 아버지께서 나를 보내신 것과 또 나를 사
랑하심 같이 저희도 사랑하신 것을 세상으로 알게 하려함이로소이
다(요한복음 17:21-23).

주님께서는 왜 '하나 됨'을 위해 이렇게 간절히 기도하셨을까요?
제자들의 '하나 됨'은 하느님께서 예수님을 보내신 증거가 되기 때
문입니다. '하나 됨'을 이루기 위해서는 반드시 '온유한' 성품을 가져
야 합니다.

'온유'는 겸손과 다릅니다. 겸손은 단순히 자기를 낮추는 것이고,
'온유'는 '상대방에 대한 태도', 즉 관계성 속에서 이루어지는 성품입
니다. 온유는 상대방에 대하여 온화하고 부드러우며, 허세를 부리지
않음이요. 자기에 대한 악의에 찬 행동까지 참는 것이며, 거스름이
없는 너그러움입니다. 상대방이 내 뜻과 다른 말을 한다고 해서 상
처를 주는 것은 온유가 아닙니다.

내가 옳다고 생각하는 사소한 생각과 작은 행동의 차이 때문에
관계성을 파괴하는 것은 하느님이 기뻐하시는 일이 아닙니다. 우리
는 늘 온유해지기 위해 예수님께 삶을 배우고 기도하며 노력해야 합
니다. "나는 마음이 온유하고 겸손하니 나의 멍에를 메고 내게 배우
라. 그러면 너희 마음이 쉼을 얻으리니"라고 말씀하셨습니다. 사람
과의 관계에서만 온유할 것이 아니라 하느님께도 온유해야 합니다.

하느님께 순종할 때, 하느님과도 하나가 됩니다. 그리스도인은 예수 그리스도 안에서 하나가 된 사람들입니다. 하나 됨을 위해 부르심을 입고, 세상의 모든 사람을 예수 그리스도 안에서 하나 되도록 택함을 입은 사람들입니다. 제자들이 하나 됨의 공동체를 이루게 해 달라는 예수님의 기도처럼 우리는 하나가 되어야 합니다.

우리는 자신의 숨은 생각을 드러내고 싶지 않아서 아직 하나가 되지 못하고, 하나 되는 것이 익숙하지 않아 불편해서 그럴 수도 있습니다. 우리는 이 모든 것을 극복하고 하나가 되어야 합니다.

이는 예수님께서 이 땅에 오신 이유이고, 때론 불편하고 힘들게 느껴지는 교회 생활을 명령하신 이유이며, 하느님의 말씀과 뜻이 담긴 성서를 주신 이유입니다. 우리는 세상과 그리고 하느님과 하나가 되어야 합니다. 다른 것을 보지 말고 같은 것을 바라보며, 온유함으로 서로를 향해 마음을 활짝 열면 하나가 될 수 있습니다.

온유함으로 하느님께 기쁨으로 순종합시다. 하느님의 뜻이 우리의 뜻이 되고, 우리의 뜻이 하느님의 뜻이 되기를 기도합시다. 대림절 셋째 주간은 "아버지께서 내 안에 계셔 그의 일을 하시는 것이라"고 하신 예수님의 고백이 나의 입술에서 고백되기를 기도합시다.

다음 생을 믿나요

> 그 때에 천국은 마치 등을 들고 신랑을 맞으러 나간 열 처녀와
> 같다 하리니 그 중에 다섯은 미련하고 다섯은 슬기 있는지라
>
> **마태복음 25:1-13**

바랜 잎 온몸 부스스하니 고단한 한 해가 만져집니다. 코끝도 시린 겨울 대림절 네 번째 주일을 맞이하면서 오늘은 그리스도인들이 살아가야 할 삶의 세 가지를 이야기한 마태복음 25장 중 열 처녀의 비유를 나누고자 합니다.

예수님께서 마지막 일들에 대해 감람산에서 예루살렘 성전을 바라보시며 하신 비유의 말씀입니다. 이 비유의 핵심은 신랑을 맞이하기 위해서는 개인의 준비가 충실해야 한다는 것으로 신부들에게 준비의 책임이 있다는 것을 강조하고 있습니다.

현실은 상처와 아픔으로 가득 차 있고, 사방을 둘러보아도 암담하기만 하다는 게 요즘 민심입니다. 믿음으로 산다고 고백하지만 현실에서는 힘들어 좌절할 때가 더 많습니다. 이럴 때 우리는 하느님과 인간의 관계를 다시 한번 생각해야 합니다. 연약한 모습이 실존임을 깨달을 때, 소망을 주는 누군가를 기다리게 되는데 이마저도 놓치면 해서는 안 될 생각을 잡게 됩니다.

대림절은 신앙의 근원이자 희망을 이야기하는 절기입니다. 우리 서로에게 물어 봅시다. "주님을 기다립니까?" 주님을 기다린다면 당신은 준비된 기름을 채우고 있나요? 막상 물어보면 선뜻 대답하지 못합니다.

마태가 말한 열 명의 처녀는 무엇을 준비하고 신랑을 기다렸을까요? 신랑을 맞이하기 위해 등을 준비한 신부들은 모두 기름을 가지고 있었습니다. 그러나 충분히 준비되지 않으면 낙오되는 것을 성서는 미리 알려 줍니다.

신랑을 기다리는 신부들은 신랑이 오는 밤을 기다리고 있지만 정확하게 언제 도착하는지 몰랐습니다. 그래서 잠이 들기도 하고 기름이 떨어지기도 한 것입니다.

여기서 잠이 들 수는 있지만 기름이 떨어져서는 안 됩니다. 기름이 충분한 처녀들이 신랑이 왔을 때 "보라 신랑이로다 맞으러 나오라"고 깨워 주기는 하지만 야박하게 기름을 나누어 주지 않고 파는 곳으로 가라고 합니다.

왜 그랬을까요? 나만 혼인 잔치에 들어가기 위해서 그랬을까요? 여러분이 준비된 처녀라면 어떻게 하실 건가요?

기름이 떨어진 처녀들이 기름을 채우고 돌아와서 문을 두드리며 "주여 주여 우리에게 열어 주소서" 하고 간청하지만, 신랑은 "내가 너희를 알지 못하노라"고 단호하게 말합니다. 신랑 역시 충분한 기름이 있는 다섯 처녀처럼 야박합니다. 그때와 그날을 알지 못하지만 아마도 다시 기다려야 할 것 같습니다.

대림절 넷째 주간은 만남과 화해의 주간입니다. 평화로움은 그저 기다린다고 해서 오는 것도 아닙니다. 평화는 평화 그 자체가 평화인데 이 평화가 너무나 어려운 것 같습니다. 얼마 전 감리교 본부 앞에서 한겨울에 노란봉투법을 위해 노숙하며 19일 동안 단식 기도한 목사님이 있습니다. 하지만 그 간절한 기도는 이루어지지 않았습니다. 과연 이 기도는 의미가 없는 것일까요?

전달되지 않은 간절함은 외면당할 수 있습니다. 전쟁이 아니더라도 우리의 삶에서 평화가 깨어지는 게 너무나 많습니다. 나의 마음에 준비한 평화가 사라졌는데 어떻게 평화를 이야기할 수 있을까요? 나의 기다림이 그 시와 때를 몰라 이루어지지 않았다고 포기하지 마세요.

기도와 작은 실천이 끊어지지 않도록 충분한 기름을 준비하여 기다리는 슬기로운 신부들처럼 혼인 잔치에 들어가야 합니다. 신랑을 기다리는 신부들의 매일매일의 간절한 삶은 꿈꾸던 핑크빛으로 모두에게 이루어지지 않습니다.

겨울이 우리의 손을 덥석 잡을 때, 잠시 눈을 감아 버리면 눈을 뜰 때 추운 한기만 남아 있고, 추위를 이겨내기 위해 들숨과 날숨을 뿜지만, 그것으로는 추위를 이겨내기 힘듭니다.

성서는 어찌 보면 종말론적 이야기를 많이 합니다. 열 처녀의 비유도 종말론적 이야기입니다. 이는 이 세상이 끝이 아니라 생명이 끝난 후에 다음 생이 있다는 것입니다.

신앙이란 은혜를 간구하는 것이 아니라 충분히 준비하는 것입니다. 그래서 오늘의 비유는 우리가 해야 할 일을 강조하고 있습니다. 준비가 부족하여 내일로 미루는 일이 없길 바랍니다. 우리의 내일은 알 수 없습니다.

　12월이 추운 것은 남은 겨울이 더 춥다는 것을 알려 주는 것입니다. 그러나 이 추위는 봄을 더 아름답게 창조하기 위함입니다. 예수 그리스도는 명확한 방식으로 알려 주셨습니다. 희망은 만들어 가는 것이 아니라 이미 내 손에 들려진 등에 기름을 준비하여 채우는 것입니다. 다음 생을 믿나요? 그럼 내 등의 기름을 확인하기 바랍니다.

성탄·송년

큰 기쁨의 좋은 소식, '노엘'

> 천사가 이르되 무서워 말라 보라 내가 온 백성에게 미칠 큰 기쁨의 좋은 소식을 너희에게 전하노라 오늘날 다윗의 동네에 너희를 위하여 구주가 나셨으니 곧 그리스도 주시니라
>
> **누가복음 2:8-14**

찬송가 123장 '저 들 밖에 한밤중에'의 찬송 가사를 보면 양들 사이에서 자던 목자들이 천사들이 전해 주는 소식을 듣게 되는데 그 소식이 '노엘'입니다.

미국 기독교의 영향을 받아 크리스마스로만 알고 있는 성탄절이 프랑스어로는 노엘Noel 입니다. 이탈리아는 일 나탈리스IL Natalls, 네덜란드에서는 컬스트 미세스Kerst Misses, 독일은 처녀가 아이를 낳았다는 의미의 바인나크휘스트Weihnachtsfest 라고 합니다. 우리나라는 '성탄절Seongtanjeol'이라 부릅니다. 이렇듯 나라마다 크리스마스의 이름이 다르게 불리고 있습니다.

오늘 아침 기쁜 소식을 들었습니까? 듣지 못했다면 서로에게 이야기해 주세요. 성탄절 아침 소원을 품고 기도해 봅시다.

"곧 다가올 새해를 바라보면서 나와 교우들이 자신의 가치를 가지고 살게 하소서."

시간과 물질의 숫자는 '기쁨의 좋은 소식'에 큰 영향을 주지 못합

니다. 주님의 은혜를 받고 생명을 건진 사람들은 하느님이 주신 선물인 달란트로 자신의 가치를 펼칠 때, 세상이 감당하지 못하고 놀라워할 일들이 이루어지는 것을 보게 될 것입니다.

〈두 교황〉이라는 영화가 있습니다. 이 영화의 한 장면에서 교황이 추기경에게 "젊을 땐 잘 들렸는데 주님의 목소리가 들리지 않는다"며 고해성사를 하는 장면이 나옵니다. 단면적으로 주님의 목소리가 들리지 않아도 고해성사하는 삶이 대단해 보였지만, 나이가 들수록 귀를 기울이지 않는다는 것을 알게 되었습니다.

여러분은 무엇을 보며, 무엇을 들으며, 무엇을 기다리며 성탄을 맞이했나요? 오늘 아침 주님의 음성에 귀를 기울여 보셨나요? 주님의 음성은 영원합니다. 보이는 가지와 잎은 계절에 따라 변하지만, 보이지 않는 뿌리는 다음 부활을 위해 깊이 내려가 늘 한결같습니다.

주님 앞에 오롯이 서서 나 자신에게 물어 봅시다. '지금도 주님을 기억하며 나는 한결같이 그분의 음성 듣기를 원하고 있는가?'

성탄절의 기원과 재정, 유래와 날짜 등에 대해 사람들은 많은 이야기를 합니다. 여러 가지 이야기가 전해지지만, 중요한 것은 아기 예수님의 탄생에 대한 기쁜 소식입니다.

캐럴은 프랑스어 Carole에서 온 말로 중세 이교도들의 무곡이었지만 지금 우리에겐 크리스마스이브 노래로 사랑받고 있습니다. 전래와 유래도 중요하지만 지금 우리에게 큰 기쁨의 소식을 주는 노엘이어야 합니다.

이 기쁜 크리스마스의 모습이 원래의 경건한 의미를 상실하고 종교를 떠나 단순히 즐거운 날로 전락하면 안 됩니다. 동방에서 온

빛이 낮고 천한 곳에서의 희망이 아니라 성전에서만 아름답게 장식되고, 온갖 세속의 즐거움을 대신하는 빛이 되는 것을 경계해야 합니다.

아직도 해결하지 못한 지난날의 아픔과 지구 반대편의 전쟁의 포화 속에서도, 이 추운 한파의 눈 위에서 오체투지를 하는 광화문 광장의 사람들의 서럽고 모진 겨울나기에도 좋은 소식이 전해지길 기도합시다.

성탄절의 의미는 낮아짐입니다. 인간이 되신 하느님의 신학적인 의미입니다. 학문적으로는 325년 니케아 종교회의를 통해 "예수님이 참 하느님이시다"는 아타나시우스의 주장을 공인하면서 성탄절이 중요하게 기념되었지만, 여기에서 중요한 것은 낮아짐의 기쁜 소식입니다. 아기 예수가 태어날 때, 천사들은 이 낮아짐의 탄생에 놀라운 의미를 담고 다음과 같이 노래했습니다.

"지극히 높은 곳에서는 하느님께 영광이요, 땅에서는 기뻐하심을 입은 사람들 중에 평화로다."

예수님의 낮아짐이 곧 하느님께 영광이 되고, 사람들에겐 평화가 된다는 노래입니다. 이 독특한 의미를 어떻게 생각합니까? 만약 내가 스스로 낮아진다면 하느님께 영광이 되고 이웃들에게 평화가 된다고 생각할 수 있습니까?

오늘날 종교가 바닥까지 내려갔는데도 아직 성직자로 불리는 사람들은 스스로를 높은 사람으로 착각하고 있으며, 자신을 대속물로 내어 주신 예수님의 모습과는 아주 다릅니다.

식민지의 땅 다윗의 동네에 태어나신 예수님은 사랑과 공의로 통치하시는 팍스 크리스티나Pax Christina였지, 칼과 무력으로 다스린 팍스 로마나Pax Romana가 아닙니다.

올 한 해도 며칠 안 남았습니다. 이 기간에 내년을 위해 낮아지는 연습을 합시다. 모두가 낮아지기를 원하는 사람들이 늘어나서 우리나라 경제, 정치, 사회, 문화가 '노엘'이 되길 바랍니다.

높은 위치에 있는 사람이 낮아지면 모두가 균형 있게 성장하는 한 해가 될 것입니다. 마음 편한 일상의 행복이 균형 잡힌 국민 정서를 위한 날들이 되길 기도합니다. 광범위한 사역 현장이 하느님의 권위 아래 서로가 먼저 낮아져서 균형 잡힌 질서가 서기를 기도합니다. 우리의 기도가 노엘이 되어 큰 기쁨의 좋은 소식이 되길 바랍니다.

무거운 짐을 진 자는 주님의 동반자입니다

수고하고 무거운 짐진 자들아 다 내게로 오라 내가 너희를 쉬
게 하리라   **마태복음 11:25-30**

한 해의 마지막인 지난 한 주간을 어떻게 보냈나요? 저는 감기에 걸
려서 집에만 있었습니다. 이번 감기가 이렇게 독해서 교우들이 교회
를 못 나왔구나 하고 제대로 느낀 주간이었습니다. 모두 건강에 유
의하기 바랍니다.

우리는 무거운 짐을 지고 일 년을 함께 달려왔습니다. 예수님께서
는 무거운 짐진 자들아 다 내게로 오라고 하셨으니 우리가 바로 주
님께서 찾으시는 사람들입니다.

현대인들은 입버릇처럼 말하는 것이 있습니다. '피곤하다'와 '죽
고 싶다' 입니다. 일을 많이 해서 피곤하기보다 귀찮아서 피곤해 하
고, 어디가 아파서 죽고 싶은 게 아니라 하는 일이 안 풀리면 죽고
싶다고 합니다.

이유가 무엇일까요? 어쩔 수 없이 원하지 않는 경쟁 사회에 살고
있기 때문입니다. 그런데 이 경쟁이 학업이나 스포츠에서는 서로 엇
비슷한 실력으로 엎치락뒤치락하며 치열하게 경쟁하도록 유도해서
성적이나 기록이 더 좋아지기도 합니다. 서로 경쟁하는 게 힘들기도

하지만, 한편으로는 지치고 마음이 느슨해질 때 함께 뛰는 존재가 있다는 것만으로도 의지가 되기도 합니다.

우리 삶의 여정은 혼자 달리기에는 외롭고 힘이 듭니다. 옆에서 함께 달리며 서로에게 긍정적인 자극이 되는 멍에가 힘들 땐 위로가 되고, 느슨해질 땐 독려가 되기도 합니다.

우리 삶이 보다 풍요로워지고, 우리 각자는 그런 건강한 관계 속에서 성숙해지려면 무거운 짐을 던져 버려서는 안 됩니다. 물론 현대인들은 무엇인가 알 수 없는 무거운 짐에 시달리고 있어 힘이 듭니다.

예수님께서는 이런 사람들을 향해 "수고하고 무거운 짐진 자들아 다 내게로 오라"고 말씀하셨습니다. 예수님 시대에도 정치적 억압과 경제적 빈곤이 오늘 이 시대처럼 사회적 혼란과 스스로 만든 죄의 법으로 무거운 짐을 진 자들이 많았습니다.

왜 수고할까요? 욕심 때문일까요? 지나친 욕심은 스스로를 고생으로 인도합니다. 짐이 왜 무거울까요? 우리가 약해서 피하거나 모면할 길이 없어서 수동적으로 짊어지기 때문입니다.

주님은 이러한 사람들을 "내게로 오라"고 하십니다. 주님의 부르심은 자신에게로 오라는 순종을 뜻합니다. 각자의 처지와 고정관념, 사상과 아집, 잘못된 습관과 행위 등을 모두 떨쳐 버리고 주님께 나아가야 합니다. 그래야 예수님의 제자가 되어 가르침을 행할 수 있습니다.

마음을 다하고, 성품을 다하고, 뜻을 다할 준비가 되었습니까? 마리아는 "저는 주님의 종입니다. 말씀하신 대로 저에게 이루어지기를 바랍니다"라며 고난의 멍에를 짊어지려고 결단했습니다. 마리아의 멍에는 결코 쉽지 않은 고난의 십자가입니다.

그런데 성서는 왜 멍에는 가볍고 쉽다고 했을까요? 혼자 메면 무겁지만 주님께서 함께 메면 가벼워지기 때문입니다. 그리스도와 함께 멍에를 메면 어떠한 고난도 쉽고 기쁜 멍에가 될 것입니다. 사랑으로 메는 멍에는 어렵지 않습니다.

우리가 겪는 고통의 원인은 이기적 욕심과 증오가 대부분입니다. 욕심을 버리고 증오를 사랑으로 바꾸면 그 멍에를 쉽게 받아들일 수 있습니다. 우리가 지고 있는 짐이 하느님의 사랑에 대한 감격과 보람으로 바뀌어지면 아무 문제가 없게 됩니다.

그리고 죄 짐을 벗고 지는 멍에이기 때문에 가볍고 쉽습니다. 죄 사함을 받은 확신에서 지는 멍에는 영광이고 연단의 말씀이 됩니다.

어느 날 우연히 골고다를 지나다가 예수님의 십자가를 대신 지고 간 구레네 시몬은 죄 사함을 체험하고 순교의 현장까지 갈 수 있는 사람이 되었습니다. 미래와 소망이 있는 짐은 짐이 될 수 없습니다. 천국의 소망을 안고 사는 사람들에게 십자가는 짐이 아닙니다.

우리가 짊어지고 가는 짐은 없어지지 않습니다. 그리스도의 은혜를 힘입어 가벼워지는 것입니다. 주님의 사랑을 실천하면 짐은 또한 쉬워집니다. 송년 주일만이라도 주님의 음성에 귀를 기울입시다.

오늘도 주님은 말씀하십니다. "내게 오라, 내 멍에를 지라, 나를 따르라." 주님은 우리에게 쉼을 주겠다는 이유로 명령하시는 게 아니라 협조를 구하십니다. 우리 각자의 자유의지로 뜻을 받아들이고 따르며 함께하기를 바라신 것입니다.

주님께로 가서 주님과 동반자가 됩시다. 동반자가 있어야 우리의 삶이 보다 풍요로워지고 우리 각자는 그런 건강한 관계 속에서 성숙해지는 겁니다.

어떤 사람은 예수님이 100퍼센트 이해될 때 믿겠다고 하는데, 100퍼센트 이해되는 하느님은 이미 하느님이 아닙니다. 그보다 주님을 먼저 믿고 따를 때 비로소 조금씩 이해되는 분입니다.

복음은 주님께서 내민 손을 붙잡고 동행하는 것이고 우리로부터 시작됩니다. 올 한 해 주님과 함께 잡고 시작한 손 마지막까지 놓지 않았으니 은혜입니다.

기념 예배

하느님과 나의 관계

여호와는 나의 목자시니 내가 부족함이 없으리로다 그가 나를
푸른 초장에 누이시며 쉴만한 물 가으로 인도하시는도다

시편 23:1–6

새해 여러분의 바람은 무엇인가요? 과거의 상처를 뒤로하고 새로
운 출발을 원하거나 소망과 기대감으로 새해를 맞이하기 원할 것입
니다.

올해는 하느님께 먼저 기도로 가까이 다가가 봅시다. 몸은 하나의
심장으로 살지만, 마음은 선과 악으로 나뉘어 두 개의 심장으로 사
는 것 같습니다. 마음에는 양심이 있어서 선악을 구분하고, 우리의
가치를 높이기도 하며, 떨어뜨리기도 합니다. 그래서 성서는 "마음
의 경영은 사람에게 있어도 말의 응답은 여호와께로서 난다"고 했
습니다.

오늘 신년 메시지로 선택한 시편 23편은 우리가 너무나 잘 알고
있는 말씀입니다. 기독교 용품에도 가장 많이 애용되고 있습니다. 그
런데 이 말씀은 우리의 삶 속에 전혀 적용이 되지 않는 말씀이기도
합니다. 입으로만 알고 있기 때문입니다. 이는 주님의 말씀을 묵상하
는데 있어서 미지근하고 습관에 젖어 무디어진 것에 그 원인이 있습

니다.

하느님께서는 우리에게 복되고 밝은 날을 매일 허락하십니다. 그러나 우리가 아침을 열고 시작해도 저녁을 맞이하려면 태양이 져야 합니다. 우리 스스로 저녁을 만들지 못합니다. 저녁이 오는 결정을 태양이 하듯 실상 우리가 결정할 수 있는 것은 거의 없습니다.

다윗은 어린 시절부터 양을 치는 목동의 삶을 살았습니다. 따라서 시편 23편은 어린 소년의 체험에서 나온 것으로 생생한 감동을 줍니다.

그는 무더운 여름날 물가로 양떼를 몰고 가는 방법이나 냇가 시원한 곳에 양떼를 쉬게 할 줄을 알았습니다. 겨울이 오면 추위를 피하기 위해 양떼를 인도하는 방법이나 혹여 양이 다치면 치료해 주는 방법도 알고 있었을 것입니다. 이렇게 시편 23편은 다윗의 체험에서 나온 시이기 때문에 '목자와 양'의 관계를 하느님과 나의 관계로 비유해서 쓸 수 있었을 것입니다.

저희 집 큰 아이 방에 "여호와는 나의 목자시니 내가 부족함이 없으리로다"라는 액자를 걸어 놓았습니다. 이 말씀을 묵상하면 묵상할수록 은혜가 되고 힘이 되고 찬송과 감사가 솟아납니다. 이 말씀이 저에게 주는 교훈은 하느님은 목자요, 나는 그분의 양이라는 관계성입니다. 여기에는 신앙의 고백이 먼저 따라야 합니다. 여호와께서 나의 목자가 되신다는 사실과 스스로를 양처럼 어리석다는 것을 시인하고 인정하는 것입니다.

양이 사는 곳은 언제 어디서나 맹수들이 공격할 수 있는 위험한 지역이지만, 실상 양은 얼마나 무서운 곳인지 모릅니다. 길을 다니다가 방향을 잃어도 자기가 갔던 길을 되돌아올 줄 모르는 양은 참 어리석지만 목자가 있기에 아무 염려 없이 살아갑니다.

여러분은 자신이 양처럼 어리석고 약하다는 것을 인정하나요? 인정하지 못하면 하느님과 나의 관계성이 달라집니다. 지혜의 사람인 솔로몬도 "나는 어리석은 양과 같다"고 고백했습니다. 사람은 약하기 때문에 전적으로 누군가를 의존하면서 성장합니다. 양처럼 혼자서는 살 수 없는 생명입니다. 어린 다윗이 어떻게 자신을 양에다 비유했는지 정말 놀라운 표현입니다.

지난 주간은 성탄 주간이었습니다. 성탄의 메시지를 영혼 없는 공허한 설교로 생각하는 사람들이 의외로 많습니다. 이를 성서학자 김근수는 본인이 생각하는 메시지와 메신저 사이에 모순이 적지 않음을 가리키는 것이라고 했습니다. 메시지와 메신저가 일치하면 감동이 일어납니다.

예수님께서 수없이 많은 메시지를 전했지만, 평소 행동과 삶이 그저 그렇고 그랬다면 예수님의 메시지가 지금까지 전해 내려왔을까요? 아마 하나도 전해지지 않고 사라졌을 것입니다. 예수님은 말씀을 하시고, 그대로 실천하셨기 때문에 오늘날까지 전해지는 것입니다.

신앙생활이 무엇입니까? 어린 목동은 하느님의 말씀과 섭리가 일치한다는 것을 깨달았습니다. 그래서 양이 목자를 온전히 의지하듯이 심령이 참 목자이신 하느님을 온전히 의지했습니다.

우리는 각기 제 갈 길을 가며 살아갑니다. 제 마음대로 살다가 어떻게 되었나요? 온갖 벽에 부딪혀서 다치고, 절망에 빠지기 일쑤입니다. 그러나 주님은 내 영혼을 소생시키시고 자기 이름을 위해 의의 길로 인도하신다고 했습니다. 또한 양은 자기의 뜻을 고집합니다.

사람들도 매한가지입니다. 고집스럽게 나아가기만 하지 돌아설 줄을 모릅니다. 소위 자유의지라고 해서 자기 마음대로 모든 것을 하려고 고집합니다. 대부분의 사람이 그렇습니다. 그래서 '여호와는 나의 목자'라는 확신이 필요합니다. 나와 아무 상관 없는 신이라면 무슨 소용이 있을까요? "여호와는 나의 목자시라"고 고백할 때 축복이 따르는 것입니다.

지나온 삶을 한 번 되돌아봅시다. 주께서 내 원수의 목전에서 내게 상을 베푸신 적이 있나요? 기름으로 내 머리에 바르시고 내 잔이 넘치게 하신 적이 있나요? 여러분은 스스로를 어떻게 생각합니까? 지금까지 그런 적이 없었다면 지금부터 확신을 가지고 고백하면 됩니다. 약속과 축복은 믿는 사람에게만 마련되는 것입니다.

하느님은 의심하는 사람에게 목자가 되어 주지 않습니다. 은혜는 그저 주어지는 것이 아니라 믿는 사람에게 약속된 축복으로 주어지는 것입니다. 새해에는 한마음으로 다윗처럼 확신에 찬 고백으로 함께 달려갑시다. 한 음성으로 외쳐 보겠습니다.

"여호와는 나의 목자시니 내가 부족함이 없으리로다."

신년 예배

분복分福에 감사하라

> 은을 사랑하는 자는 은으로 만족함이 없고 풍부를 사랑하는 자
> 는 소득으로 만족함이 없나니 이것도 헛되도다 재산이 더하면
> 먹는 자도 더하나니 그 소유주가 눈으로 보는 외에 무엇이 유
> 익하랴
>
> **전도서 5:10-20**

소유란 무엇일까요? 소유욕을 가지고 태어나지는 않습니다. 성장하면서 내 것이라는 본능을 갖게 되는데 여기서 소유욕이 생겨납니다. 자신의 소지품에 대해 욕심이 생기고 점점 어른이 되면서 소유욕에 대한 영역이 넓어집니다.

가령 내가 집을 소유하고 있으면, 그 소유의 개념은 어디에 근거한 것입니까? 등기부 등본에 내 이름이 올라가 있고, 소유권이 법적으로 인정되어야 하나요? 온 천하가 내 것을 인정해도 소유한 재산 때문에 고통받는다면 소유의 의미는 고난이 됩니다. 소유로 기쁨을 얻고, 감사가 있을 때 진정한 내 것입니다. 타인의 물건을 몰래 소유하면 기쁨과 감사가 아니라 불안만 있을 뿐입니다. 자신의 소유로 두려워할 것이 아니라 자유로워야 합니다.

솔로몬은 재산의 허무함과 허상 그리고 참 소유의 개념을 이야기합니다. 그는 소유에 대해 "은을 사랑하는 자는 은으로 만족함이 없고 풍부를 사랑하는 자는 소득으로 만족함이 없다"고 말합니다. 탐

252

욕은 가질수록 더 커지기 때문입니다.

　대기업은 중소기업의 아이디어를 빼앗아서라도 지금보다 조금 더 가져야 성공이라고 생각합니다. 모두가 함께 행복할 수 있는 길에서 벗어날 수밖에 없습니다. 현재보다 조금 더 가지면 분명 행복하겠지만, 더 원하기 때문에 소유의 만족은 곧 사라지고 더 큰 욕심을 부리게 됩니다.

　재산을 얼마나 소유해야 행복할까요? 만족이 없다는 것을 우리는 이미 잘 알고 있습니다. 솔로몬은 "재산이 더하면 먹는 자도 더하나니 그 소유주가 눈으로 보는 외에 무엇이 유익하랴"라고 선문답합니다.

　소유란 내가 다 가지지 못하고, 내가 다 쓰지 못하기에 실상 다 누리지 못합니다. 물론 소유에는 내 눈으로 보는 것 외에 큰 영향력이 있고, 하고 싶은 일을 편하게 할 수 있는 유익이 있습니다. 그러나 무엇이든 해결해 줄 수는 없습니다.

　교육은 재산의 소유가 아니라 지식의 소유가 필요합니다. 아플 땐 소유가 아니라 치료가 필요합니다. 물론 가진 자가 치료받기에는 편리하지만, 많은 재산으로도 낫지 못하는 경우가 있습니다.

　선보다 악에 마음을 빼앗겨 마음에 큰 우상이 자리 잡아 내 소유가 모든 것을 해결해 줄 것으로 착각할 수 있지만, 인간의 방법으로 어찌할 도리가 없는 것들에 대해서는 무용지물이 되기도 합니다. 혹시 돈으로 사람의 마음을 부하게 만들어 알량한 자선으로 스스로 의인이 되는 착각을 하나요?

　성서는 부에 대해 세 가지로 설명합니다.

첫째, "노동자는 먹는 것이 많든지 적든지 잠을 달게 자거니와 부자는 배부름으로 자지 못하느니라." 사람의 행복 가운데 중요한 것은 잘 먹고, 잘 자는 것입니다. 침대가 과학이라고 하는 현시대에 소유로 좋은 침대는 살 수 있지만 광고처럼 평온한 잠을 살 수는 없습니다. 걱정으로 잠을 못 이루니 좋은 침대가 필요한 것입니다.

둘째, "자기를 해롭게 하면서까지 부를 지키게 된다." 온유와 겸손 그리고 진실까지 다 잃어버리고 돈의 함정에 빠져 사는 불쌍한 사람들이 있습니다. 돈은 우리를 교만하게 만들어 형제끼리도 서로 의심이 쌓여 다투게 만들고, 타인의 시기와 질투를 부릅니다.

셋째, 부에는 심령의 자유가 없어 "일평생 어두운 데서 먹는다"고 말합니다. 소유가 많아지면 번민도 많아진다는 뜻입니다. 가장 중요한 것은 자신의 분복을 아는 것입니다. 분복이란 하느님께서 나에게 주신 복입니다. 건강과 시간까지도 하느님이 나에게 분복해 주신 것이므로 소중히 여겨야 하고, 이를 통해 행복을 얻고 기쁨과 감사를 가져야 합니다. 지금 자신 앞에 큰 바위처럼 나를 막고 있는 것이 있습니까? 나에게 주신 분복의 상태에서 초연하게 넘어갈 수 있도록 간구하세요.

주님은 무엇이 필요한지 알고 계십니다. 내게 필요한 만큼 주시고, 누리게 하시어 내게 있는 것으로 영광을 받으십니다. 우리의 가치와 이상이 허상 된 우상이 아닌지 고찰해 보아야 합니다.

'깨어 있어야 들린다'는 제 시로 말씀을 마칩니다.

당신이 나를 찾아와 강요하거나 부탁할 것을 기다리지 않았습니다

당신이 부를 때 내가 거부할 수 없도록 부른 적은 없지만
깊은 음성이라 깨어 있어야 들을 수 있습니다
당신의 소리를 들을 수 있어야 나 여기 있다고 대답할 수 있고
세상이 이해하지 못한 사랑을 이루게 됨을 압니다
나를 부르소서.
(김봉은 작사, 김디도 작곡 https://youtu.be/rZti5df2IeQ)

창살 없는 감옥에서 벗어나 양지바른 곳에 찾아오는 봄기운같이
내가 받은 분복에 열심을 다하는 청지기로 감사가 넘치길 강복합
니다.

제직 헌신 예배

모든 가족의 하느님

> 나 여호와가 옛적에 이스라엘에게 나타나 이르기를 내가 무궁한 사랑으로 너를 사랑하는고로 인자함으로 너를 인도하였다 하였노라
>
> **예레미야 31:1-6**

이번 주일은 민족 최대의 명절인 '설날'입니다. 설날은 신라 시대 이전부터 지내 왔다고 추정하지만, 조선 시대에 와서 중요한 명절 중에 하나로 자리 잡게 되었습니다.

'설날'을 중요하게 여기던 조선은 빛나는 아침의 나라로 그 의미는 다음과 같습니다. '아침 조朝'는 '아침' 또는 '사람을 대하다'라는 의미로 임금이 대신들과 아침에 만나 회의하는 것을 조정朝廷이라 했습니다. '고울 선鮮'은 부패하거나 썩지 않고 '신선하다'는 의미로 활력이 넘치고 색채가 선명하다는 뜻입니다.

15세기에는 '섯날'이라고 부르다가 16세기부터 '설날'이라고 했는데, '낯설다'에서 '설' 자를 따와 새로운 해의 첫날을 설날이라 불렀다고 전해집니다.

기독교대한복음교회는 '조선의 교회는 조선인 자신의 교회이어라'라는 표어를 사용하며 조선의 자부심을 일컫고 있습니다.

설날에는 세배를 드리는데, 새해에 어른을 찾아 뵙고 문안 인사로

절을 하고 덕담을 듣는 풍습이 있습니다. 교회에서 드리는 예배도 갖추어서 절을 하고 말씀을 듣는 집회입니다.

차를 중요시하는 우리 민족은 명절이 되면 차례를 올립니다. 간혹 사람들이 잘 몰라 제사를 지낸다고 하지만 돌아가신 조상에게 제사 지내는 풍습은 웃어른이 돌아가신 날을 기억하는 것입니다.

예레미야는 "나 여호와가 말하노라. 그 때에 내가 이스라엘 모든 가족의 하느님이 되고 그들이 내 백성이 되리라"고 했습니다. 이 구절은 칼에서 벗어난 백성이 광야에서 은혜 입은 것을 이야기합니다. 이는 하느님의 고유하고 무궁한 사랑을 나타낸 것으로 하느님의 은혜를 입어 안식에 들어간다는 것입니다.

가정은 원초적이고 보편적인 제도로 다른 조직들과는 확연하게 구분됩니다. 국가나 사회는 필요에 의해 설립한 제도이지만, 가정은 하느님께서 직접 만드신 제도로 지배와 피지배가 없는 사랑과 희생의 공동체입니다. 작은 공동체인 가정에도 규칙이 있습니다. 부부간의 사랑은 물론이요. 부모는 자식을 사랑하고 자녀는 부모를 존경해야 합니다. 자식에 대한 미래 비전을 갖고 옳고 그름을 분별하게 하고 불의와 정의를 깨닫게 해야 합니다.

설날은 이러한 가정들이 깨어지지 않고 굳건히 지켜지기 위해 필요한 명절입니다. 특별히 이번 설날은 주일이기에 본 교회에서는 자녀들과 함께하는 '제직 헌신 예배'로 드립니다.

성서는 "나 여호와가 옛적에 이스라엘에게 나타나 이르기를 내가 무궁한 사랑으로 너를 사랑하였고로 인자함으로 너를 인도하였다 하였노라"고 했습니다. 우리의 신앙 배경은 새로워지려는 진보도,

지키려 하는 보수도 아닌 사랑의 환경으로 시작되었습니다.

현대사회는 지능지수$_{IQ}$도 감성지수$_{EQ}$도 아닌 카리스마 지수$_{CQ}$를 중요시한다고 합니다. 식견과 설득력 중심의 능력이 중요시되는 사회이기 때문입니다. 신뢰감으로 미래 지향적 마스터플랜을 내놓아 타인을 설득할 수 있는 지도력을 최고로 생각하는 것입니다.

교회의 청지기들은 달라야 합니다. 의의 은혜와 능력은 필요에 따라 간구하되 하느님의 영광과 이웃을 사랑하기 위한 목적이 되어야 합니다. 하느님께서는 다시 사마리아 산들에 포도나무들을 심되 심는 자가 그 과실을 먹으리라고 하셨습니다. 그리스도인들은 심지 않은 과실을 탐하지 말고 직접 심는 자가 되어야 합니다.

교회의 올바른 모습은 연합이며, 하느님은 모든 가족의 하느님입니다. 지난 목요일 한국기독교교회협의회 실행위원회 회의를 다녀왔습니다. 차별금지법에 대해 심도 깊은 회의가 시간 관계상 이루어지지 못하고, 서로 연합해야 할 연대가 각자의 의견을 달리하여 참 어려운 상황을 토론하는 것을 경험했습니다.

합리적 이유 없이 성별, 장애, 병력, 나이, 성적 지향성, 출신 국가, 출신 민족, 인종, 피부색, 언어 등을 이유로 고용, 교육기관의 교육 및 직업훈련 등에서 차별받지 않도록 하는 내용의 법률이 교회 안으로 들어오면서 새로운 문제들이 발생하고 있습니다.

하느님께서 교회의 머리와 몸이 되시는 영성 회복이 필요합니다. 그런데 이게 참 어렵습니다. 각자가 생각하는 영성이 다르기 때문입니다. 하느님을 온전히 섬기며, 모두의 하느님이심을 알지만 하느님을 모시고 온전히 신앙을 영위해 나가는 것이 힘든 싸움이 되는 것 같습니다.

직분을 맡으면 누군가를 가르친다는 교만에 빠지기 쉽습니다. 사람마다 받은 재능이 다르며 각기 다른 무늬를 지녔는데 하나의 표준을 정한다는 것은 정말 어리석은 일입니다. 내 생각과 마음도 천 갈래, 만 갈래이거늘 어찌 내가 옳다고 주장할 수 있을까요? 말 몇 마디로 하느님 나라를 어찌 설명할 수 있을까요? 주님의 발자취가 기다림으로 소환되고, 그분의 음성을 들을 수 있기를 사모합니다.

박사보다 더 높은 학위는 '밥사'라고 합니다. 힘들고 까칠한 세상에서 먼저 따뜻하게 대접하는 마음이 더 높은 것이지요. 더 나아가 밥사 보다 더 높은 것은 '감사'이며, 감사보다 더 높은 것이 '봉사'라고 할 수 있습니다. 어려운 이웃들과 다른 사람들에게 재능과 기부를 나누는 봉사자들이 있기에 사회는 조금 더 따뜻해지고 활기가 돕니다.

파수꾼이 외치는 날이 오면 일어나 하느님 여호와께 나아갈 수 있는 양심이 있는 사람이 됩시다. 오늘 헌신 예배를 드리는 하느님의 자녀들은 파수꾼이 외치는 날이 오면 기도로 일어나 주님과 나 사이에 다리가 놓인 것을 볼 수 있길 강복합니다.

어린이 주일

어린이 주일을 맞이하여

이스라엘아 들으라 우리 하느님 여호와는 오직 하나인 여호와
시니 너는 마음을 다하고 성품을 다하고 힘을 다하여 네 하느
님 여호와를 사랑하라   신명기 6:4-9

우리는 한 곳이지만 두 곳의 장소에서 살아갑니다. 한 곳은 나 홀로 있는 제한된 세계이고, 다른 한 곳은 하느님께서 함께하시는 무한한 세계입니다. 똑같은 상황에 부딪혀도 누구와 함께 있는 것이 신령한 세계입니다.

어린아이가 부모와 함께 산책하다 아버지보다 먼저 앞으로 달려 갑니다. 그런데 큰 개를 보고 무서워 뒤로 돌아 아빠를 부르자 아버지는 아이의 손을 잡아 줍니다. 아버지의 손을 잡은 아이는 큰 개가 사나워 보여도 더는 무섭지 않습니다. 부모와 함께 있는 아이는 안전하다는 생각이 들어 평안해 보입니다.

평안은 우리의 환경에서 발견하는 것이 아닙니다. 평안은 안전한 인격자와의 관계에서 이루어집니다. 예수 그리스도가 우리에게 평안을 주실 것입니다.

한 나라의 장래는 정치와 제도, 경제, 사회적 문제가 아니라 교육의 문제입니다. 교육이 제대로 이루어지지 않는 나라는 모든 것이

헛된 결과를 초래할 수 있습니다.

유대인들은 나라를 잃고 2천 년을 방랑했지만, 자녀 교육의 중요함을 안 그들은 민족의 혼을 잃지 않고 오늘의 이스라엘을 이룩할 수 있었습니다. 이스라엘의 수상 월급은 일반 노동자와 비슷하며, 대학교수의 월급은 오히려 더 적다고 합니다. 헌신적인 정치와 성실한 학문 연구가 부로 연결되지 않는 것은 유대인 교육의 좋은 사례입니다.

오늘의 이스라엘을 만든 교육은 무엇일까요? 그들의 교육은 쉐마שמע입니다. '쉐마'는 신명기 6장 4-9절에 기록되어 있으며, 그 뜻은 '들으라'입니다. 그들의 모든 교육의 중심은 하느님 말씀을 순종하고 사랑하는데 있습니다. 하느님 말씀인 성서가 교과서이며, 이는 철저하게 신앙에 근거한 것입니다.

우리가 사는 이 시대의 가치 중심이 하느님 말씀을 떠나면, 종말의 역사로 향하게 되어 있습니다. 인간 가치의 현주소를 몰라서 방황하는 현대인들에게 시급하게 가르쳐야 할 진리가 성서입니다. 모든 가치의 중심을 성서에서 찾고, 이 가치가 부모님의 가슴속에 믿음으로 심어질 때 자녀에게 심어지고 새로운 사회와 역사를 창조하는 힘이 됩니다. '하느님을 경외하는 교육'이 이렇게 중요하다는 것을 알아야 합니다.

교육의 장은 바로 가정입니다. 이스라엘의 안식일은 신앙을 심어주고, 가정은 교육을 심어 주는 학교가 됩니다. 유대인의 가정은 반드시 문설주에 '메주자מזוזה'가 붙어 있습니다. 메주자는 문설주라는 뜻이지만, 그 안에는 오늘 본문과 신명기 11장 13-21절이 기록되어 있습니다.

가정의 모든 구성원은 출입할 때마다 메주자에 손을 댄 후 자기 입에 대고, 아침에는 하느님의 도움을 간청하고, 저녁에는 일과를 무사히 마친 것을 감사합니다. 쉐마가 기록된 말씀을 손목에 매는 것은 무슨 일을 하든지 하느님의 은혜임을 잊지 않도록 하는 교육이며, 이마에 붙이는 것은 불안전한 인간의 지식보다 하느님의 지혜인 말씀이 먼저 떠올라야 한다는 것입니다.

오늘 대한민국의 현주소는 모든 교육을 학원에 맡깁니다. 학교 선생님보다 학원 강사들이 다 맡아 줄 것을 기대하고 있습니다. 점수 이상의 무엇을 더 바라지 않는 사회가 되어가고 있습니다. 우리는 자녀들에게 필요 이상으로 많이 가르치고 있습니다. 많이 가르치는 것이 훌륭한 교육은 아닙니다. 학원에서 필요한 교육이 이루어진다고 생각해서는 안 됩니다. 교육의 장은 학교이며, 더 중요한 곳은 가정임을 알아야 합니다.

히브리어 '토라ㄱㄲ'는 율법을 뜻하고, '호라ㄱㄲ'는 부모를, '모라ㄱㄲ'는 교사를 지칭합니다. 이 세 단어는 어떤 모양으로 만든다는 뜻을 지닌 '야라ㄱㄲ'라는 어원에서 나왔습니다. 하느님은 토라를 주시고, 부모와 교사는 자녀에게 토라를 가르치는 것입니다.

이스라엘은 일반적인 전도를 거의 하지 않습니다. 모든 자녀는 부모를 통해 하느님을 알게 되며, 토라를 배우고 회당을 알게 됩니다. 모든 부모가 어릴 때부터 신앙을 심어 주는 전승 신앙입니다. 자녀를 가르치려면 자기 삶의 현장이 모범이 되어야 합니다. 아이들에게 설득력이 있는 동시 교육이 되어야 합니다.

"오늘날 내가 네게 명하는 이 말씀을 너는 마음에 새기고 네 자녀에게 부지런히 가르쳐라"고 했습니다. 가장 중요한 것은 나 자신이 먼저 말씀을 마음에 새겨야 합니다. 부모가 자녀 교육에 관심을 분배할 시간이 없다면 가정에서 자녀 교육이 이루어질 수 없습니다.

정신적으로 신앙과 유산을 남긴 예루살렘이 좋습니까? 육체적으로 넓은 원형 극장과 문화가 발전한 로마가 좋습니까? 무엇을 선택하겠습니까? 오늘 우리는 자녀를 위해 하느님을 찾는 일에 바빠야 합니다. 자녀들의 신앙과 교육에 모범이 되는 것에 바빠야 합니다. 어린이 주일을 맞이하여 부모들은 올바른 선택을 하고 어린이들은 강건하길 강복합니다.

추수감사절

당신의 감사지수는 얼마입니까

항상 기뻐하라 쉬지 말고 기도하라 범사에 감사하라 이는 그리
스도 예수 안에서 너희를 향하신 하느님의 뜻이니라

데살로니가전서 5:16-18

기념 예배에서 제일 좋은 축하는 지나온 삶에 대한 따뜻한 위로라고
제 아내가 알려 주었습니다. 큰 공감이 되었습니다. 그럼 감사 예배
에서 제일 좋은 감사는 무엇일까요? 얼마나 감사하고 사는 사람인
지 자신을 점검해 본다면 몇 점일까요?

추수감사절을 맞이하여 다 함께 감사지수를 높여 봅시다. 감사지
수는 정해진 것이 없습니다. 하지만 높을수록 좋겠죠. 성서는 강한
어조로 "범사에 감사하라 이는 그리스도 예수 안에서 너희를 향하
신 하느님의 뜻이니라"고 명령하듯 말합니다. '범사'라는 말은 어떤
형편에서도 무조건 감사하라는 뜻입니다. 어떻게 모든 것에 대해 감
사할 수 있을까요?

항상 기뻐하고, 쉬지 말고 기도해야 감사가 가능할 것 같은데 다
짜고짜 '~하라'는 명령은 내심 부담스럽고, 간접 명령을 하는 말 같
아 왠지 모르게 거부감이나 부담을 가질 수도 있습니다. '범사'는 적
어도 목회자 및 권사나 장로 정도는 되어야 가능할 것 같습니다. 매

일 한다는 게 보통 어려운 일이 아니기 때문입니다. 또 어떤 일은 항상 좋거나 나쁜 것만이 아닙니다. 그래서 감사에는 연습이 필요합니다. 감사 연습이 몸에 익숙해야 어떤 상황에서도 모든 것에 소중함을 알아 감사할 수 있습니다.

"범사에 감사합시다" 하고 말하기는 쉽습니다. 그러나 인간적으로 말하면 이 말씀은 현실성이 없습니다. 감사할 수 없는 입장이 되면 저도 즉각적으로 감사하지 못할 때가 있습니다.

하느님께서 왜 이런 비현실적인 말씀을 하시는지 생각해 봅시다. 바로 범사에 우리 주 예수 그리스도의 이름으로 항상 아버지 하느님께 감사하라고 했기 때문입니다. 즉 예수 그리스도 때문에 감사할 수밖에 없다는 것입니다. 오직 예수 그리스도 한 분 때문에 하느님의 자녀는 범사에 감사할 수 있는 존재입니다.

예수님은 "이 세상 끝 날까지 내가 너와 함께 있을 것이다. 두려워 말라"고 약속하셨습니다. 이 예수님을 우리 마음에 모시고 살면 감사지수가 높아지고 모든 것이 가능해질 수 있습니다.

송명희 시인의 '나'라는 시를 소개해 드립니다.

나 가진 재물 없으나
나 남이 가진 지식 없으나
나 남에게 있는 건강 있지 않으나
나 남이 없는 것 있으니
나 남이 못 본 것을 보았고
나 남이 듣지 못한 음성 들었고

나 남이 받지 못한 사랑 받았고

나 남이 모르는 것 깨달았네

공평하신 하나님이 나 남이 가진 것 나 없지만

공평하신 하나님이 나 남이 없는 것 갖게 하셨네.

감사지수를 높이려면 시인이 무엇을 감사하고 있는지 알아야 합니다. 시인은 감사를 넘어 감격하고 있습니다. 바로 예수님 한 분의 사랑을 받고 그분을 눈으로 보고 그분의 음성을 듣는 것만으로 행복하기 때문입니다.

자기 뜻대로 사는 사람의 입에서 감사가 나옵니까? 내 안에 예수님이 살아 있어야 범사에 감사가 나옵니다. 감사는 기쁨이자 기도이며 곧 믿음입니다. 믿음으로 예수님 때문에 감사 한번 해봅시다. "예수님! 감사합니다." 한 번씩 해보세요. 저도 여러분도 할 수 있습니다.

범사에 감사하면 하느님의 당부를 이루어 내는 것입니다. 세상에 귀를 기울여 보세요. 정치나 경제나 민심이나 입만 열면 불평합니다. 나는 "불평하지 않아" 그러면 괜찮을까요? 불평하지 않는 것은 감사가 아닙니다. 우리의 믿음은 감사하는 만큼 믿는 것입니다. 혹시 불평하지 않을 정도로만 믿고 있나요?

감사하는 만큼 행복할 수 있고, 그 사람의 행복은 아무도 빼앗아 갈 수 없습니다. 감사는 우리 자신을 강하게 만듭니다. 그래서 감사지수를 높여야 합니다. 세상에서 제일 강한 사람은 감사하는 사람입니다.

빛된교회도 강해져 봅시다. 어떤 사람이 되고 싶습니까? 대부분 사람은 무엇을 하든지 그 일로 부자가 되고 싶어합니다.

미국 20대 대통령 '제임스 A. 가필드James A. Garfield'는 어린 시절 학교에서 담임선생님이 "너희는 장차 어떤 사람이 되고 싶으냐?" 하고 물을 때 "사람다운 사람이 되고 싶습니다"라고 말했습니다. 이에 선생님이 그 이유를 묻자 "아무리 높은 자리에서 큰일을 하고 명성을 떨친다 해도 사람다운 사람이 아니라면 동물과 다를 바 없으므로 저는 사람다운 사람이 되고 싶습니다"라고 말했다고 합니다.

하느님의 자녀는 사람다운 사람이 되어야 합니다. 우리가 성직자와 교육자를 보면서, 대통령을 보면서, 기업 회장을 보면서 사람다운 사람을 보고 있습니까? 사람다운 사람은 감사하게 만드는 사람입니다. 신앙생활을 하는 사람의 성찰과 판단은 감사지수로 말할 수 있습니다. 오늘 감사지수가 조금 높아졌나요? 감사의 기도를 드립시다.

반짝이는 모든 것은 아름답다

주의 말씀대로 나를 붙들어 살게 하시고 내 소망이 부끄럽지
말게 하소서   **시편 119:113-120**

모든 사람의 삶은 제각기 자기 자신에게로 이르는 길을 걷고 있습니다. 하지만 그저 저마다의 과정일 뿐 어떠한 삶도 명확한 건 없습니다. 진정한 나를 찾아가는 길에서 나를 만날 수 있나요? 저는 매번 흔들리는 나를 볼 뿐 만나지는 못한 것 같습니다.

우리는 "저들의 죄를 용서해 달라"는 주님의 이야기를 알고 있습니다. 각자의 길을 걷고 있는데 왜 주님은 '죄'라고 했을까요? 무엇이 선인지, 죄인지 분간하지 않고 살아가기 때문입니다.

안전에는 휴일이 없듯 신앙생활에도 휴일이 없어야 합니다. 일주일에 한 번 아니면 두세 번 자신의 신앙에 휴일을 주지 마세요. 멀리 보이는 산처럼 거리를 두고 신앙생활을 하면, 찾고 싶을 때만 산을 찾는 신앙이 됩니다. 주님 가까이에서 반짝이는 눈동자로 바라보세요. 따뜻한 설렘이 일어날 것입니다.

많은 교회가 교인 수가 줄어든다고 걱정합니다. 저도 똑같은 걱정을 합니다. 그런데 진짜 걱정은 교회가 교회답지 못한 것 아닐까요? 우리 서울지방회는 연합하여 교회다운 교회로 함께 나갑시다.

함승수 신부는 "이 세상에 있는 모든 것들은 고유한 그림자를 지니고 있고, 교회와 교우들의 그림자는 사랑과 봉사가 되어야 한다"고 했습니다.

큰 그림자도 작은 그림자도 있고, 짙은 그림자도 옅은 그림자도 있습니다. 마음에 어떤 감정을 느끼고 있는가에 따라 다양한 그림자가 생기기 때문입니다. 그런데 아십니까? 그림자가 생기기 위해서는 반드시 '빛'이 있어야 합니다. 빛이 없으면 모든 것이 어둠일 뿐입니다. 내 앞에 놓인 그림자에만 시선을 빼앗겨 나를 비추시는 주님의 빛을 발견하지 못하면 우리는 그저 어둠에 불과해 나를 찾을 수도 없습니다.

예수님은 "저녁에 하늘이 붉으면 날이 좋겠다 하고 아침에 하늘이 붉고 흐리면 오늘은 날이 궂겠다 하나니 너희가 천기는 분별할 줄 알면서 시대의 표적은 분별할 수 없느냐?"고 물으셨습니다.

이 시대의 표적을 보여 주고 있는 게 무엇일까요? 지구 반대편에서 일어나고 있는 전쟁일까요, 아니면 환경이나 거짓 정보일까요?

신앙과 인격이 잠들어 무엇이 선인지 악인지 분별하지 않고 살아가는 사람들이 바로 표적입니다. 시편 119편에서 시인은 "너희 행악자여 나를 떠날지어다. 나는 내 하느님의 계명을 지키리로다. 주의 말씀대로 나를 붙들어 살게 하시고 내 소망이 부끄럽지 않게 하소서"라며 자신을 붙들어 달라고 간청했습니다.

시인은 "너희 행악자여 나를 떠날지어다"라고 강력하게 외쳤습니다. 행악자가 멀리 있지 않기 때문입니다. 주위에 누가 있는지 주변을 돌아보세요. 약한 자에게 내가 행악자일 수도 있습니다. 주께서 세상의 모든 악인을 찌꺼기같이 버리신다고 하셨으니 부끄럽지 않아야 합니다.

재미난 기사가 있습니다. 택시에 도둑이 들었는데 범인을 잡을 단서가 없었습니다. 경찰이 우연히 그 택시 안에서 모기를 잡았는데 모기의 피를 분석해서 주변 용의자 중에서 범인을 잡을 수가 있었다고 합니다.

행악자를 피하거나 자신의 죄를 숨기려 어둠으로 숨어들지 맙시다. 우리의 그림자는 예수 그리스도의 빛 때문에 숨을 수 없습니다. 그분이 누구인지, 또 그분이 하신 일이 무엇인지 명확하게 알면 진리를 좇아 바른 방향으로 갈 수 있습니다.

예수 그리스도는 교회의 시작이요. 교회의 참된 터입니다. 그분은 십자가 구속의 피로 평화를 이루셨고, 땅에 있는 것이나 하늘에 있는 모든 것을 하느님과 화목하게 하셨습니다. 주님께서 이렇게 하신 목적은 우리로 하느님과 화평을 이루어서 흠이 없고 책망할 것이 없는 사람으로 세우기 위함입니다.

반짝이는 모든 것은 아름답다고 했습니다. 이제 우리가 서로 연합하여 선을 이루고 주님처럼 우리 자신을 한번 반짝여 봅시다. 그러므로 말씀을 따르는 우리는 믿음의 터에 굳게 서서 우리 하느님을 바라보는 희망에서 떠나지 않고 서로 하나 되어 세상을 반짝여 봅시다.

부록

삶이란

김봉은 작사, 임영호 작곡

삶이란

김봉은 작사, 최의헌 작곡

임마누엘

김봉은 작사, 임영호 작곡

연못에 비치는 달이 작은 돌맹이 하나에

깨어질 수 있듯 나에게 비치는 임도

작은것 하나에 깨어저보일수 있습니다

마음이 흔들리면 행복도 깨어저보이니

실망하지 말아요 실망하지 말아요

하늘의 달이 변하지않고 그대로 있어

연못의 달이곧 원상태로 돌아오듯

어려움이 닥쳐와 도 임은늘 임마누엘입니다

어려움이 닥쳐와 도 임은늘임마누엘입니다

임은늘임마 누엘입니 다

274

돌 같은 마음으로

김봉은 작사, 임영호 작곡

주님만 찬양해

김봉은 작사, 김봉은 작곡

주 님 내 가 여 기 에 이 제 왔 으 니 내 눈 뜨 게 하 소 서

주 님 항 상 내 곁 에 살 아 계 심 을 어 둔 눈 으 로 볼 수 없 습 니 다

쓰 러 진 - 날 일 으 켜 세 우 시 고 서 눈 물 로 기 도 하 시 던

주 님 사 랑 눈 물 로 알 았 습 니 다 무 릎 꿇 - 고 기 도 하 오 니

이 제 우 리 진 실 한 간 구 를 들 어 주 시 고

우 리 찬 양 을 들 으 사 기 뻐 받 으 옵 소 서

이 제 부 터 영 원 까 지 주 님 만 친 - 양

임의 마지막 시간

김봉은 작사, 최의헌 작곡

깨어 있어야 들린다

김봉은 작사, 김디도 작곡

당신이 나를 찾아 와 강요하거나 부탁할 것을

기다리지 않았습니다 기다리지 않았습니다

당신이 부를 때 내가 거부할 수 없도록 부른 적은 없지만 깊은

음성이라 깨어 있어야 들을 수 있습니다

당신의 소리 를 들을 수 있어야

나 여기 있 다 고 대답할 수 있 고

세상이 이해 하지 못한 사랑을 이루게 됨을 압 니다

나를 부르소 서 나를 부르소 서

말씀,이 되다